Orphée

Jean Cocteau

Orphée

Film

Éditions J'ai lu

Ce film est dédié à Christian Bérard
J. C.

« *Vous cherchez trop à comprendre
ce qui se passe, cher Monsieur. C'est
un grave défaut.* »

LA MORT D'ORPHÉE.

INTRODUCTION

Il n'y a dans le film ni symbole ni thèse. Œuvres symbolistes et à thèse sont démodées dans le sens grave du terme. C'est un film réaliste et qui met cinématographiquement en œuvre le plus vrai que le vrai, ce réalisme supérieur, cette vérité que Goethe oppose à la réalité et qui sont la grande conquête des poètes de notre époque.

Personnage d'Orphée

JEAN MARAIS

Dans le film, Orphée n'est pas le grand prêtre qu'il fut. C'est un poète célèbre et dont la célébrité agace ce qu'on est convenu d'appeler l'avant-garde. L'avant-garde jouera donc dans le film le rôle du parti des Bacchantes de la fable. Les Bacchantes n'y seront qu'un club de femmes où Eurydice était servante avant qu'Orphée ne l'épouse. Il lui interdira de les fréquenter. Elle lui désobéira, Aglaonice, reine des Bacchantes, ayant conservé une grande influence sur elle.

Orphée incarne plusieurs thèmes.

Le thème que résume le vers de Mallarmé :

« Tel qu'en lui-même enfin l'éternité le change. »

Le poète doit mourir plusieurs fois pour naître.

C'est déjà ce thème que je développais, il y a vingt ans, dans Le Sang d'un poète, *mais je le jouais avec un doigt, faute de mieux; dans* Orphée, *je l'orchestre.*

Le thème de l'inspiration. On ne devrait pas dire inspiration mais expiration. Ce qu'on nomme l'inspiration vient de nous, de notre nuit et non du dehors, d'une autre nuit soi-disant divine. C'est lorsque Orphée renonce à son propre message et accepte de recevoir des messages de l'extérieur, que tout se gâte. Les messages qui le dupent et envoyés par Cégeste sortent de Cégeste et non de l'au-delà. Ils sont inspirés par la radio anglaise d'occupation. Certaines phrases sont exactes. Celle : « L'oiseau chante avec ses doigts » *est d'Apollinaire qui me l'avait écrite dans une lettre.*

Notez que les voitures qui parlent appartiennent à la mythologie moderne, mythologie que nous n'apercevons pas à force de la vivre.

Voitures et costumes modernes ne sont là que comme une licence poétique afin de rapprocher un vieux mythe de spectateurs d'aujourd'hui.

La scène bouffe du retour à la maison illustre la phrase des hommes qui aiment une autre femme que la leur et disent : « Je ne peux plus regarder ma femme » *ou :* « Je ne peux pas la voir en peinture ».

La scène finale où la princesse, Heurtebise

et Cégeste se livrent sur Orphée au travail par lequel on endort les néophytes du Tibet afin de les faire voyager dans le temps, peut être prise pour la mort infligée à un mort, donc qui le fait revivre.

Personnage de Cégeste

ÉDOUARD DERMITHE

Cégeste a dix-huit ans. L'avant-garde s'est entichée de lui, sans cause apparente, comme il arrive. Il se soûle, son insolence plaît et ses audaces. Une fois dans la zone, il redevient lui-même, à savoir un jeune garçon timide, assez naïf et très noble.

Personnage d'Heurtebise

FRANÇOIS PÉRIER

Heurtebise n'est pas du tout un ange comme il l'était dans la pièce et comme on l'écrit souvent. C'est un jeune mort au service d'un des innombrables satellites de la mort. Il est encore très peu mort. Plusieurs fois, il tente de prévenir (thème du libre arbitre), par exemple, Orphée du mal fondé de ses messages de la radio, Eurydice de l'accident qui va se produire sur la route.

Mais le destin qu'il tâche de contrecarrer par un acte de libre arbitre est un destin fabriqué par la princesse. C'est pourquoi le *tribunal de commission rogatoire ne lui en tiendra pas compte (ne lui en formulera pas le grief).*

Au tribunal (tribunal qui siège dans l'humain au chalet, P.C. de la princesse) le mensonge n'a plus cours. La princesse et Heurtebise doivent avouer l'ombre de l'ombre d'un sentiment qu'ils éprouvent, le règne humain auquel ils ont appartenu ayant encore prise sur eux.

La phrase : « Il fallait les remettre dans leur eau sale » ne veut pas dire dans leur amour terrestre, mais simplement « sur la terre ».

Tribunal

Le tribunal est au tribunal des Enfers ce qu'un juge d'instruction est au procès. Et encore !...

Personnage d'Eurydice

MARIE DÉA

Eurydice est une femme très simple, une femme d'intérieur (rien d'extérieur à cet intérieur ne saurait l'atteindre). Elle est imperméable au mystère.

Elle traverse toutes les aventures de la légende avec une pureté parfaite et un seul objectif : l'amour qu'elle porte à son mari. Cet amour d'un seul bloc gagnera sa cause et décidera la mort d'Orphée à l'acte étrange

8

qui figure le thème de l'immortalité. *La mort du poète s'annule afin de le rendre immortel.*

Petite scène devant le miroir. Heurtebise : *Vous me pardonnez ce que j'ai dit au tribunal ?* Eurydice : *Qu'est-ce que vous avez dit ?* Heurtebise : *Rien, excusez-moi...*

Cette petite scène prouve que même Heurtebise ne se représente pas complètement la pureté d'Eurydice.

Personnage de la princesse

MARIA CASARÈS

La princesse ne symbolise pas la mort puisque le film est sans symboles. Elle n'est pas plus la mort qu'une hôtesse de l'air n'est un ange. Elle est la mort d'Orphée, *comme elle décidera d'être celle de Cégeste et celle d'Eurydice. Elle est une des innombrables fonctionnaires de la mort. Chacun de nous possède sa mort qui le surveille depuis sa naissance.*

Elle joue en quelque sorte le rôle d'une espionne chargée de surveiller un homme et qui le sauve en se perdant. De quelle nature est la condamnation qu'elle s'inflige ? Je ne le sais pas. Cela relève des énigmes qui étonnent les entomologistes. Énigmes de la fourmilière et de la ruche. Ses prérogatives sont très limitées. Elle ignore à quoi elle s'expose. Son amour pour Orphée et l'amour d'Orphée pour elle figurent cette profonde attraction des poètes pour tout ce qui dépasse le monde qu'ils habitent, leur acharnement à vaincre *l'infirmité qui nous ampute d'une foule d'ins-tincts qui nous hantent sans que nous puis-sions leur donner une forme précise ni les agir.*

Lorsque la princesse demande à Cégeste, pendant leur attente dans la zone : « Vous vous ennuyez ? », *que Cégeste réponde :* « Qu'est-ce que c'est ? » *Sa phrase :* « Ex-cusez-moi, je me parlais à moi-même », *est un aveu que c'est elle et ses souvenirs qu'elle interroge sous prétexte d'interroger Cégeste.*

La zone

La zone n'a rien à voir avec aucun dogme. C'est une frange de la vie. Un no man's land entre la vie et la mort. On n'y est ni tout à fait mort ni tout à fait vivant.

Le vitrier qui passe entre Heurtebise et Orphée est un jeune mort qui s'obstine à crier son cri dans un lieu où les vitres n'ont plus de signification. Orphée demande à Heurtebise : « Quels sont ces gens qui rôdent ? Vivent-ils ? » *et Heurtebise répond :* « Ils le croient. Rien n'est plus tenace que la déformation professionnelle. »

Les miroirs

J'allais oublier le thème des miroirs où l'on se voit vieillir et qui nous rapprochent de la mort.

Voilà les grandes lignes d'un film où les thèmes s'enchevêtrent, depuis le thème orphique proprement dit, jusqu'aux thèmes modernes. Cependant le film se propose de n'être que la paraphrase d'un mythe de l'antiquité grecque, ce qui est normal puisque le temps est une notion purement humaine et, qu'en fait, il n'existe pas.

Un café du genre *Café de Flore*, mais dans quelque ville de province idéale. Le café forme l'angle d'une rue, sa façade donnant sur une petite place. Sa terrasse est abritée par un store sur lequel on peut lire *Café des Poètes*. La deuxième image représente l'intérieur de ce café plein de monde et de fumée. Couples enlacés. Jeunes gens en chandail qui écrivent ou discutent. Beaucoup de personnes à chaque table; on sent que les consommateurs boivent peu et sont là pendant des heures. Début du film. Sur la terrasse, un guitariste chante à bouche fermée. Sept heures du soir.

On passe à l'intérieur.

L'appareil approche d'une table occupée par de jeunes écrivains. Il défile ensuite devant des tables où des couples enlacés fument et parlent bas en regardant vers la gauche. L'appareil s'arrête, panoramique sur le fond, puis il se fixe sur Orphée, seul à une table. Orphée se lève, appelle le garçon et paie. Au moment de quitter la table, il redresse la tête et regarde curieusement vers la gauche.

L'appareil montre les tables où tout le monde a tourné la tête vers la terrasse. On voit, à travers les vitres, une grosse Rolls noire qui s'arrête et un chauffeur qui saute de son siège.
L'appareil près de la voiture montre le chauffeur terminant son mouvement et ouvrant la portière. Une femme (la princesse) commence à descendre.

LA PRINCESSE (au chauffeur qui a sauté du siège et ouvert la portière sans se retourner). – *Heurtebise ! aidez M. Cégeste à traverser la place.* – L'appareil montre la fin du mouvement de la femme. Elle aide un très jeune homme en chandail, visiblement ivre.

CÉGESTE (criant). – *Je ne suis pas soûl !*

LA PRINCESSE. – *Si, vous l'êtes...* – Le chauffeur prend le jeune homme sous le bras et le soutient, derrière la femme qui s'éloigne vers le café. L'appareil panoramique, en suivant le chauffeur et le jeune homme. Il rejoint ainsi, avec eux, la femme qui fait des signes d'amitié aux personnes de la terrasse et se dirige vers le coin de rue par où l'on entre dans le café.

Intérieur du café. – L'appareil montre Orphée en marche vers la porte, puis s'immobilise sur la femme qui entre et sur Orphée qui s'efface pour la laisser passer.

Orphée regarde passer la femme. Il est bousculé par le jeune homme qui se débat comme s'il voulait prouver qu'il peut marcher seul. Au moment où il passe devant Orphée, il lève la tête vers lui, l'œil vague, et fait une sorte de grognement insultant.

Terrasse. – L'appareil montre Orphée qui va longer la terrasse et partir. Orphée s'éloigne, se retourne et regarde vers la terrasse, avec surprise. Le coin extrême gauche de la terrasse, vu de près. C'est le coin où le café se termine par des arbustes. Table où l'on voit assis, de face, un monsieur d'une cinquantaine d'années, assez débraillé. À ses côtés, trois jeunes gens en chandail et sandales de cuir, les cheveux en désordre. Le monsieur fait un signe hors champ et crie presque :

Le monsieur. – *Orphée !*

Un des jeunes consommateurs. – *Vous êtes cinglé…* – Il se lève. Le jeune homme qui s'est levé est imité par les autres qui emportent leurs verres, ne laissant à la table que le monsieur. Orphée s'approche de la table.

Le monsieur. – *Asseyez-vous une minute…*

Orphée. – *Je fais le vide…* – Il s'assoit.

Le monsieur (souriant). – *Vous êtes venu vous mettre dans la gueule du loup…*

ORPHÉE. – *Je tenais à me rendre compte.* (Court silence pendant lequel le monsieur boit.)

LE MONSIEUR. – *Qu'est-ce que vous boirez ?*

ORPHÉE. – *Rien, merci. J'ai bu. C'était plutôt amer. Vous avez du courage de m'adresser la parole.*

LE MONSIEUR. – *Oh ! moi… Je ne suis plus dans la lutte. J'ai cessé d'écrire à vingt ans. Je n'apportais rien de neuf. On respecte mon silence.*

ORPHÉE. – *Ils estiment sans doute que je n'apporte rien de neuf et qu'un poète ne doit pas être trop célèbre…*

LE MONSIEUR. – *Ils ne vous aiment pas beaucoup…*

ORPHÉE. – *Dites plutôt qu'ils me haïssent.* (Il tourne la tête vers l'appareil.) – L'appareil montre ce qu'il regarde et ce que le monsieur regarde aussi. La belle dame et le jeune homme ivre sortent du café et s'approchent des tables. Le jazz a remplacé la guitare.

ORPHÉE (se tournant vers le monsieur). – *Quel est ce jeune ivrogne qui vient de me traiter si aimablement et qui ne semble pas mépriser le luxe ?*

16

Le monsieur. – *C'est Jacques Cégeste. Un poète. Il a dix-huit ans et on l'adore. La princesse qu'il accompagne commandite la revue où il vient de publier ses premiers poèmes.*

Orphée. – *Cette princesse est fort belle et fort élégante…*

Le monsieur. – *Elle est étrangère. Elle ne peut se passer de notre milieu.* (Prenant une revue sur la table.) – *Voilà sa revue…* – Orphée l'ouvre.

Orphée. – *Je ne vois que des pages blanches.*

Le monsieur. – *Cela s'appelle : « Nudisme ».*

Orphée. – *Mais c'est ridicule…*

Le monsieur. – *Moins ridicule que si ces pages étaient couvertes de textes ridicules. Aucun excès n'est ridicule. Orphée… votre plus grave défaut est de savoir jusqu'où on peut aller trop loin.*

Orphée. – *Le public m'aime.*

Le monsieur. – *Il est bien le seul.*

À l'autre angle de la terrasse. Groupe des écrivains qui ont quitté la table. La princesse et Cégeste, debout, à côté d'eux.

Un écrivain. – *On parle de nous.*

Un autre écrivain. – *Il paraît qu'on change tout et qu'on publie des textes.*

La princesse. – *J'ai les siens... gardez-les. Dans l'état où il se trouve, il laisse traîner ses poèmes partout...*

Cégeste (arrachant les feuilles au jeune homme qui vient de les prendre). – *Rends-moi ça... Fumier !... Je vais te casser la gueule. Je vais te casser la gueule !...*

La princesse. – *Voulez-vous rester tranquille, je déteste le scandale !*

Cégeste. – *Naturellement !* – La bagarre se propage de table en table. Intérieur. La cabine téléphonique. Le chauffeur s'y glisse et forme un numéro.

Heurtebise. – *Police secours !... Café des Poètes... Une bagarre.* – Terrasse. Suite de la scène. Orphée et le monsieur.

Orphée (saluant ironiquement). – *Bonsoir. Votre café m'amuse. Il se croit le centre du monde.*

Le monsieur. – *Il l'est. Vous le savez. Et vous en souffrez.*

Orphée. – *Mon cas est-il sans appel ?*

LE MONSIEUR. – *Non. S'il l'était, vous ne provoqueriez pas de haine.*

ORPHÉE. – *Que faut-il donc que je fasse ? Que je me batte ?*

LE MONSIEUR (se levant). – *Étonnez-nous.* – Soudain le visage du monsieur, tourné vers la droite de l'image, exprime la surprise. L'appareil montre l'arrivée des voitures de police, la descente des policiers, le tumulte de la bagarre. Les policiers entrent dans le café.

LES POLICIERS. – *Papiers... papiers...* – Table du monsieur d'Orphée.

PREMIER POLICIER. – *Vos papiers.* – Orphée sort son portefeuille de sa poche. Le policier lit et lève la tête. – *Pardonnez-moi, mon cher maître, je ne vous avais pas reconnu, et pourtant ma femme n'a que des portraits de vous dans sa chambre...*

ORPHÉE. – *Monsieur est avec moi...*

PREMIER POLICIER. – *Encore toutes mes excuses...* (salut)... *Messieurs !...* (Il s'éloigne.)

LE MONSIEUR. – *Vous êtes trop bien avec la police...*

ORPHÉE. – *Moi ?*

LE MONSIEUR. – *Je vous conseille de filer en*

vitesse. On vous rendrait responsable de cette sale histoire.

ORPHÉE. – *Alors ça !...*

L'appareil à l'angle opposé de la terrasse cadre un groupe qui gesticule. C'est la dame, le jeune homme, le chauffeur, et d'autres garçons et filles, furieux. Des policiers les interrogent.

CÉGESTE. – *Laissez-moi ! laissez-moi !...*

LA PRINCESSE. – *Vous n'avez pas le droit de secouer ce jeune homme !*

LE SECOND POLICIER. – *Il n'a pas de papiers.* (À Cégeste :) *Suivez-nous !*

LA PRINCESSE. – *Je réponds de lui.*

LE SECOND POLICIER. – *Vous vous expliquerez au commissariat de police.*

LA PRINCESSE. – *C'est inadmissible !*

LE SECOND POLICIER. – *Nous faisons notre service.* (Ils entraînent le jeune homme qui se débat en criant.)

LE JEUNE HOMME. – *Foutez-moi la paix ! Foutez-moi la paix...* – Le même groupe, de dos. L'appareil suit le mouvement vers la place où l'on voit l'automobile de la princesse, arrêtée. Les policiers entraînent

20

le jeune homme vers la droite. On entend ses cris.

CRIS DU JEUNE HOMME. – *Tas de voyous ! Tas de cochons ! Voulez-vous me foutre la paix ! Voulez-vous me foutre la paix.* – L'appareil fait face au groupe de policiers et au jeune homme qui se débat. Ils marchent en désordre vers l'objectif. On entend le vacarme encore lointain des motocyclettes.

UN POLICIER. – *Ah ! la petite vache ! Il m'a mordu !* – Le jeune homme s'arrache en déchirant son chandail et se sauve hors champ vers l'appareil. Tonnerre des motocyclettes. Flash sur le visage terrifié du monsieur. Flash sur les policiers arrêtés dans leur course et qui crient :

LES POLICIERS. – *Attention ! Attention !* – Flash sur la chute de Cégeste qui s'écrase sur le sol comme s'il tombait du ciel. Flash sur les deux motocyclistes, de dos, qui s'éloignent dans un nuage de poussière. L'appareil montre le jeune homme renversé sur le sol, dans une pose assez terrible, roulé dans la poussière. Les mains de ceux qui se précipitent pour le ramasser entrent dans le champ. On relève le corps. Deux policiers regardent la route et crient :

PREMIER POLICIER. – *Avez-vous pris les numéros ?*

Un agent. – *On ne les voyait pas.*

Premier policier. – *Téléphonez partout sur la route !*

La princesse. – *Transportez-le dans ma voiture et occupez-vous de ces misérables...* – L'appareil montre le cortège qui emporte le jeune homme.

La princesse (au chauffeur). – *Heurtebise ! aidez-les...* – Flash sur un groupe qui regarde.

Un jeune écrivain. – *Une place où il ne passe jamais personne !...* – On finit de hisser le corps dans la voiture. Les hommes et le chauffeur redescendent. La princesse se retourne vers l'appareil.

La princesse. – *Eh bien, ne restez pas là comme une borne !* – Sur Orphée qui approche légèrement avec le visage interrogatif de quelqu'un qui ne sait pas si on lui adresse la parole. Gros plan sur la princesse.

La princesse. – *Oui, vous ! Vous ! Rendez-vous utile.* – Profil de la portière et de la princesse tournée vers Orphée.

La princesse. – *J'ai besoin de votre témoignage. Montez ! Montez vite.* – Orphée entre dans le champ par la gauche. La princesse monte aussitôt dans la voiture en criant : – *Allez ! Allez !... Ne traî-*

nez pas. – Orphée monte derrière elle. La portière claque. La voiture démarre. – La voiture de la princesse. L'appareil cadre d'abord la petite lucarne arrière et l'on voit s'éloigner le groupe du Café des Poètes. Immédiatement l'appareil panoramique vers la droite et cadre en gros le buste du jeune homme qui saigne au coin de la bouche. La figure (profil) de la princesse entre dans le champ et observe la figure du jeune homme.

LA PRINCESSE. – *Passez-moi votre mouchoir.* – L'appareil montre Orphée assis en face, sur le strapontin, et la campagne du soir qui défile. Il sort son mouchoir de sa poche et le passe à la princesse, de telle sorte qu'on évite le jeune homme et que l'appareil cadre la princesse et Orphée qui se rapproche.

ORPHÉE. – *Il a l'air très blessé...*

LA PRINCESSE. – *Ne dites donc pas de choses inutiles...*

ORPHÉE. – *Nous tournons le dos à l'hôpital !*

LA PRINCESSE. – *Vous n'imaginez pas que je vais conduire cet enfant à l'hôpital...* – Plan sur le visage de Cégeste et les mains de la princesse qui étanchent le sang avec le mouchoir. La main d'Orphée entre dans le champ, soulève la paupière de Cégeste.

VOIX DE LA PRINCESSE. – *Ne le touchez pas !*
– Orphée se redresse avec stupeur.

ORPHÉE. – *Mais… ce jeune homme est mort…*
– La princesse regarde Orphée, c'est-à-dire
vers l'appareil.

LA PRINCESSE. – *Quand vous occuperez-vous
de ce qui vous regarde ? Quand cesserez-
vous de vous occuper des affaires des
autres ?* (Elle fumait. Elle jette sa cigarette.) L'appareil montre le dos du chauffeur, la vitre avant. La voiture freine et
stoppe en face d'un passage à niveau.

VOIX D'ORPHÉE. – *C'est vous qui m'avez dit
de monter dans votre voiture…*

VOIX DE LA PRINCESSE. – *Vous tairez-vous ?*
– L'appareil derrière la voiture cadre la
lucarne de telle sorte qu'elle occupe tout
l'écran. On voit Orphée stupéfait, le dos
du chauffeur – un train qui passe – le
passage à niveau qui se relève. La voiture
repart. L'écran montre la lucarne qui
diminue, puis le dos de la voiture, puis
la voiture qui accélère et traverse les
rails.

LA PRINCESSE (au chauffeur). – *Prenez le
chemin habituel.* – Plan sur l'ensemble de
la voiture. La princesse se penche vers le

chauffeur. Vus de l'intérieur de la voiture, les paysages en négatif neigeux défilent derrière la glace.

LA PRINCESSE. – *La radio !* – Gros plan de la main de Heurtebise sur le bouton de la radio. Grésillements. Ondes courtes. On entend le télégraphe, puis une phrase :

LA RADIO. – *Le silence va plus vite à reculons. Trois fois. Le silence va plus vite à reculons. Trois fois…* (télégraphe). – Ensemble de la voiture vue de l'avant. Silence. La princesse écoute, renversée en arrière sur les coussins. – *Un seul verre d'eau éclaire le monde… deux fois… Attention, écoute. Un seul verre d'eau éclaire le monde. Deux fois… Un seul verre d'eau éclaire le monde. Deux fois* (télégraphe).

ORPHÉE. – *Où allons-nous ?*

LA PRINCESSE. – *Faudra-t-il que je vous oblige à vous taire ?* – On voit à nouveau défiler, en négatif, le paysage que traverse la voiture. On entend un tonnerre de motocyclettes. On voit entrer dans le champ la Rolls. Les phares des motocyclistes approchent et dépassent la voiture qui stoppe. La princesse se penche à la portière droite et crie au motocycliste qui la dépasse :

LA PRINCESSE. – *Salut !* – L'appareil, à l'intérieur de la voiture, cadre Orphée, qui,

dos à l'objectif, voit passer le second motocycliste. Il se retourne de profil vers la
gauche.

ORPHÉE. – *Mais ce sont les hommes qui ont
renversé ce gosse !* – Plan sur la princesse.

LA PRINCESSE. – *Seriez-vous bête ? Je vous
prie de ne plus me poser de questions.*
– La voiture démarre. L'appareil enregistre
la fuite de la voiture et la perspective de la
route où les motocyclettes traversent le cadre.

Le chalet, de nuit. – L'appareil montre la
masse sombre du chalet où sont allumées
deux ou trois fenêtres. Le bruit des motos
approche. La voiture (d'abord ses phares)
et les motos dépassent l'appareil, montent
la colline et parcourent un demi-cercle
avant d'arriver devant le chalet. Les motocyclistes, pendant cette manœuvre, dépassent la voiture et arrivent avant elle au
perron. Les motocyclistes descendent de
leurs machines et les abandonnent contre
le mur. Ils s'approchent de la voiture qui
a stoppé. Le chauffeur saute du siège et
ouvre la portière. Sifflets de trains.

LA PRINCESSE. – *Descendez, monsieur, et
laissez faire mes hommes.* – La princesse
achève sa descente, cadrée avec les motocyclistes.

LA PRINCESSE. – *Sortez le corps de la voiture
et transportez-le là-haut.* – Orphée descend

26

en regardant en arrière. Les motocyclistes sortent le jeune homme et commencent à le transporter, avançant vers l'appareil, sa figure à la renverse.

Dans le chalet. Décombres.

LA PRINCESSE. – *Dormez-vous debout ?* (Elle monte les escaliers.)

ORPHÉE. – *Je le crois...* – L'appareil en haut des marches prend le cortège qui monte, qui arrive au palier, qui tourne à droite, qui descend quelques marches et s'engage dans une porte ouverte.

LA PRINCESSE. – *Tout le monde traîne. Je n'aime pas qu'on traîne.* (À Orphée :) *Attendez-moi, monsieur.*

Chambre en désordre comme après un déménagement ou un cambriolage. Il y a de la paille par terre et très peu de meubles, sauf une vieille table et des chaises. Le papier mural est déchiré. À gauche de la porte, un vaste miroir. Fenêtres et volets fermés. L'appareil montre l'entrée des deux motocyclistes portant le corps du jeune homme. Derrière eux, entre la princesse.

LA PRINCESSE. – *Couchez-le par terre.* – Elle se détourne et quitte la chambre. L'appareil montre Orphée sur le palier, qui attend et essaie de voir ce qui se passe dans la chambre. La princesse le croise en disant :

La princesse. – *Suivez-moi, monsieur.*
– Orphée la suit, tandis qu'elle entre par
la porte droite du palier et monte quatre
marches qui aboutissent à une autre porte
qu'elle ouvre. Orphée s'arrête au bas des
marches. De la porte de la chambre au
miroir, l'appareil cadre le petit escalier
intérieur, de face, puis la princesse qui
a ouvert la seconde porte en haut des
quatre marches et se retourne vers
Orphée.

La princesse. – *Décidément, vous dormez.*

Orphée. – *Oui... oui... je dors... C'est très
curieux.*

La pièce où ils entrent est une chambre
d'une élégance sordide. Son style est celui
d'une chambre d'hôtel borgne où une
femme a organisé son luxe. Tout est accro-
ché, jeté : étoffes, fourrures. Près de la
fenêtre aux volets fermés : un divan, une
lampe et une radio. À gauche de ce divan,
au fond, une petite porte donne sur un
couloir en briques. À l'angle opposé, une
coiffeuse couverte de brosses et de flacons.
Au-dessus de la coiffeuse, un miroir à
trois faces reflète la chambre. En entrant,
la princesse allume une lampe. Lumière
très douce.

Orphée. – *Enfin, madame... m'expliquerez-
vous ?...*

La princesse. — *Rien. Si vous dormez, si vous rêvez, acceptez vos rêves. C'est le rôle du dormeur.*

Orphée. — *J'ai le droit d'exiger des explications.* — L'appareil montre la princesse finissant son mouvement vers le divan. Elle y tombe assise et ouvre la radio qui joue l'intermède de l'*Orphée* de Gluck. (Plaintes d'Eurydice.)

La princesse. — *Vous avez tous les droits, cher monsieur, et je les ai tous; nous sommes quittes.* — La princesse se lève et se dirige vers la gauche : elle sort du champ tandis qu'Orphée y entre.

Orphée. — *Madame ! Arrêtez cette musique. Il y a, dans la chambre à côté, un mort et les hommes qui l'ont tué.* (Il tourne le bouton de la radio et se lève.) *Je vous le répète, j'exige...* — La princesse s'approche de sa coiffeuse et allume le miroir à trois faces.

La princesse. — *Et moi j'exige que vous ne touchiez pas à cette radio. Asseyez-vous et restez tranquille, je vous prie.* — Elle s'assied et arrange sa coiffure. L'appareil la prend de dos et la montre dans la glace où se reflète Orphée debout, près de la radio.

La radio (signal des ondes courtes, puis soudain la voix de la voiture.) — *Les miroirs feraient bien de réfléchir davantage. Une fois. Je répète. Les miroirs feraient bien de réfléchir davantage. Une fois. Le miroir...* – Le miroir se brise, fendu dans toute sa longueur. La princesse se lève d'un bond, s'élance et sort du champ. L'appareil montre Orphée près de la radio qui fait le bruit des ondes courtes. La princesse entre violemment, de dos, dans le champ, et tourne le bouton de la radio. On réentend la musique de l'*Orphée* de Gluck.

LA PRINCESSE. – *Vous êtes insupportable.* (Elle le pousse sur le divan où il tombe assis.) *Attendez-moi dans ma chambre. Mes domestiques...* – À la porte du couloir en briques paraissent deux domestiques chinois en veste blanche, qui s'inclinent. – *... vous apporteront du champagne et des cigarettes. Vous êtes chez vous...* – On voit les domestiques saluer et sortir. Derrière Orphée assis, la princesse se dirige rapidement vers la porte et s'y arrête :

LA PRINCESSE. – *Vous cherchez trop à comprendre ce qui se passe, cher monsieur. C'est un grave défaut.* – L'appareil cadre Orphée, toujours assis, et la radio qui joue.

ORPHÉE. – *Mais, madame, on m'attend chez moi.* – L'appareil cadre la princesse de plus près, devant la porte, qu'elle ouvre.

LA PRINCESSE. – *Laissez votre femme vous attendre. Elle n'en sera que plus heureuse de vous revoir.* – Elle sort et referme la porte. Les Chinois apportent le seau à champagne, les cigarettes, sur une petite table roulante. L'appareil panoramique vers Orphée qui se levait et se rassied lentement, cependant qu'un des domestiques débouche le champagne.

La chambre au miroir. – Les deux motocyclistes attendent debout de chaque côté du miroir. Le corps du jeune homme est par terre. L'appareil cadre l'entrée rapide de la princesse. Elle marche vers le corps et regarde.

LA PRINCESSE (aux motocyclistes). – *Tout est prêt ?*

UN DES MOTOCYCLISTES. – *Oui, madame.* – Cette scène sera tournée à l'envers et à vol d'oiseau. En fait, Cégeste sera debout devant la princesse et se laissera tomber, suivi par ses mains qui ne le touchent pas. On verra donc le jeune homme se lever lentement et se mettre debout devant la femme redressée qui l'interroge.

LA PRINCESSE. – *Cégeste, levez-vous.* – L'appareil prend la princesse de dos et Cégeste, qui termine son mouvement, de face, les yeux grands ouverts.

LA PRINCESSE. – *Salut.*

LE JEUNE HOMME (voix de somnambule). –
Salut.

LA PRINCESSE. – *Vous savez qui je suis ?*

LE JEUNE HOMME. – *Je le sais.*

LA PRINCESSE. – *Dites-le.*

LE JEUNE HOMME. – *Ma mort.*

LA PRINCESSE. – *Bon. Vous êtes désormais
à mon service.*

LE JEUNE HOMME. – *Je suis à votre service.*

LA PRINCESSE. – *Vous obéirez à mes ordres.*

LE JEUNE HOMME. – *J'obéirai à vos ordres.*

LA PRINCESSE. – *C'est parfait. Alors, en route...* – Elle se retourne vers les motocyclistes. Ensemble de la princesse, du jeune
homme, du miroir et des deux motocyclistes. – *Empoignez ma robe. Ne craignez
rien. Ne me lâchez pas.* – La princesse
recule, le jeune homme toujours à petite
distance derrière elle. Elle avance très vite
vers le miroir et y pénètre avec le jeune
homme. Plan vu de l'intérieur du miroir
qui ondule comme de l'eau. Plan d'Orphée, son verre de champagne à la main,
il apparaît sur le seuil de la porte. Le
verre tombe et se brise. Les deux motocy-

clistes ferment la marche et s'engouffrent à leur tour dans le miroir qui redevient miroir. Orphée se jette contre sa surface et s'y cogne. On le voit et on l'entend frapper. Orphée de près, face au miroir. Sa tête chavire. Ses mains glissent. Il se trouve mal et s'affaisse au pied du cadre.

FONDU

Le fondu s'ouvre sur : la tête en très gros plan d'Orphée, se reflétant. Lumière pâle et intense. L'appareil découvre tout Orphée, tel qu'il était au pied du miroir. Mais il se trouve au bord d'une flaque. Dunes blanches à perte de vue. Orphée bouge comme quelqu'un qui se réveille. Il se hausse sur un bras et regarde, stupéfait, autour de lui. Il monte sur un tertre de sable. Il appelle :

ORPHÉE. – *Hé là ! Hé là !* – Il dévale le long d'une pente pareille à de la neige. Il en grimpe une autre. Il se dirige vers un sentier entre des buissons. On découvre la Rolls au bord de la route. Orphée dévale en courant jusqu'à la voiture. La voiture, de près. Le chauffeur dort... Orphée le secoue.

ORPHÉE (criant). – *Où sommes-nous ?* – Le chauffeur se réveille et dégringole de son siège. Il ouvre la portière et s'efface. – *Je vous demande où nous sommes !*

HEURTEBISE. – *Je ne sais pas, monsieur. Je suis chargé de vous attendre et de vous reconduire.*

ORPHÉE. – *Où est la princesse ? Où est le chalet ?*

HEURTEBISE. – *Si monsieur veut se donner la peine de monter dans la voiture…* – Orphée grimpe dans la voiture, sans le quitter des yeux. Le chauffeur claque la portière, s'installe. Seconde portière. Embrayage. La Rolls démarre.

De jour : la pièce commune chez Orphée. – Cette pièce est très confortable et on y prend les repas. Il y a même une petite cuisine avec fourneau à gaz. Beaucoup de livres. La table qui sert de table de salle à manger est couverte de magazines. Au fond, à gauche, une petite porte donne sur le perron du jardin. Dans la salle, un escalier de bateau mène par une trappe à la chambre d'Eurydice et d'Orphée. Sous cet escalier à claire-voie, un divan… Eurydice est assise près d'une des fenêtres qui donnent sur le jardin et la route. Aglaonice auprès d'elle, et le commissaire. Elle téléphone.

AGLAONICE (au téléphone). – *Mais si, mais si, cette dame habitait l'hôtel des Thermes. Passez-moi le directeur.* – Elle donne le récepteur au commissaire. Le bureau du portier à l'hôtel des Thermes.

LE PORTIER. – *Monsieur le directeur, on vous demande.*

La salle commune chez Orphée.

LE COMMISSAIRE. – *Ici, commissaire spécial... Je m'excuse de vous déranger encore. Avez-vous fait votre enquête ? Allô ! allô ! allô ! Ne coupez pas.*

Le téléphone à l'hôtel des Thermes.

LE DIRECTEUR. – *Je ne peux que vous répéter la même chose, monsieur le commissaire. Nous n'avons eu ici aucune dame qui réponde à ce signalement, et je n'ai vu aucune Rolls.*

La salle commune chez Orphée.

LE COMMISSAIRE. – *Je passerai vous voir à deux heures. Excusez-moi.* (Il raccroche.)

L'appareil montre le groupe : Eurydice assise, Aglaonice debout, et le commissaire qui raccroche et marche de long en large.

LE COMMISSAIRE. – *C'est inimaginable ! Inimaginable ! Ni à l'hôtel Fabius, ni à l'hôtel des Deux-Mondes.*

EURYDICE. – *Il ne reviendra plus.* – La main d'Aglaonice se pose sur l'épaule d'Eurydice. Elle la secoue doucement.

AGLAONICE. – *Allons... allons... du calme.*
Les hommes reviennent toujours. Ils sont
tellement absurdes.

EURYDICE. – *Mais où est-il ? Où peut-il être ?*

AGLAONICE. – *Il serait inutile de vous mentir.*
Il est avec cette femme.

EURYDICE (elle se lève). – *Ça, non ! Ça,*
non ! Je ne le croirai jamais. Mais vous,
vous, monsieur le commissaire, dites-lui
que c'est faux ! Vous connaissez Orphée...

LE COMMISSAIRE. – *Madame... Madame !...*

EURYDICE. – *Dites-lui que c'est faux ! Dites-*
le...

LE COMMISSAIRE. – *Il m'est difficile de répon-*
dre. Votre ménage est un ménage modèle.
Mais il arrive que les hommes perdent la
tête... – Eurydice se détourne, le visage
contre le mur.

EURYDICE. – *Mon Dieu ! Mon Dieu !* – Le
commissaire passe derrière elle et se dirige
vers Aglaonice.

LE COMMISSAIRE. – *C'est une histoire bien*
désagréable.

AGLAONICE (bas). – *Vous ne craignez pas*
un scandale dans la presse ?

LE COMMISSAIRE (bas). – *Non, non. J'ai donné des ordres formels. Et du reste, les journalistes ne savent rien.* – Timbre de la grille du jardin. Le commissaire sursaute.

AGLAONICE (regardant par la fenêtre). – *C'est un journaliste, mon cher commissaire.* – L'appareil montre Eurydice pleurant contre le mur.

EURYDICE. – *Qu'est-ce que c'est?* (Elle se précipite vers la porte.)

Le jardin de la maison d'Orphée. – Petite grille d'entrée. Le journaliste la pousse et pénètre dans le jardin. La porte de la maison d'Orphée. Eurydice est déjà sur le perron. Le journaliste s'arrête devant elle, de face, en contrebas.

LE JOURNALISTE. – *Bonjour, madame. Je suis envoyé par le journal* Le Soleil. *Votre mari est là?*

EURYDICE. – *Mon mari ne peut recevoir personne. Il dort.*

LE JOURNALISTE (insolent). – *Il dort?...* – Le commissaire apparaît derrière Eurydice.

EURYDICE. – *Il a travaillé toute la nuit.*

LE COMMISSAIRE. – *J'étais venu lui rendre*

visite et je n'ai pas voulu qu'on le réveille.

LE JOURNALISTE. – *Parfait. Je file. Je vous dépose chez vous, monsieur le commissaire ?*

LE COMMISSAIRE. – *Merci, j'ai ma bagnole.*

EURYDICE. – *Vous désiriez ?...*

LE JOURNALISTE. – *Une interview sur l'accident du jeune homme. Comme il n'est pas à l'hôpital, ses camarades s'inquiètent et se demandent où il se trouve.*

LE COMMISSAIRE. – *Tout va très bien. Je passerai au journal.*

LE JOURNALISTE. – *Madame !* (Il s'incline, et sort du champ à gauche. On voit entrer Eurydice et le commissaire.)

Aglaonice a quitté la fenêtre pour s'approcher de la porte. Eurydice et le commissaire pénètrent dans la salle commune.

AGLAONICE. – *Eh bien, bravo !*

EURYDICE. – *C'est affreux...*

LE COMMISSAIRE. – *Ne vous affolez pas. Je passerai au journal et j'aviserai.* (Eurydice sanglote. Aglaonice la berce.)

AGLAONICE. – *Allons... allons... du courage...*

– Dans le jardin. Le journaliste qui guette. Bruit de voiture. Il se glisse vers la gauche. La route, de l'autre côté de la maison. La Rolls arrive. Elle stoppe. Orphée en descend et parle au chauffeur qui roule au ralenti.

ORPHÉE. – *Suivez-moi. Faites le moins de bruit possible. Continuez. Je vais ouvrir le garage...* – Orphée ouvre un porche et disparaît. Il ouvre le garage-écurie sur la route. La Rolls s'y engouffre. Une vieille écurie transformée en garage. La voiture entre avec Orphée qui referme le porche. Dans cette vieille écurie, la petite automobile d'Orphée. À droite, place vide où la Rolls vient se ranger. Orphée dit à Heurtebise au passage :

ORPHÉE. – *Nous sommes bien d'accord.* (Et, parvenu à la porte qui ouvre sur le jardin :) *Ma femme ne comprendrait rien à toute cette histoire.* (Il sort.) – Le jardin, côté gauche. Orphée se dirige vers la maison. Le journaliste en tourne l'angle et lui barre la route.

LE JOURNALISTE. – *Correspondant du journal* Le Soleil. *Alors, vous dormez ?...*

ORPHÉE. – *Hein ?*

LE JOURNALISTE. – *Je vous laisse dormir, Orphée. Je vous laisse dormir. Faites de beaux rêves.*

ORPHÉE. – *Foutez-moi le camp !*

LE JOURNALISTE. – *Mon journal appréciera votre attitude comme il convient.*

ORPHÉE. – *Bonsoir. Videz la place.*

LE JOURNALISTE. – *Vous regretterez votre insolence.*

ORPHÉE. – *Je me moque de la presse.*

LE JOURNALISTE. – *C'est nouveau.*

ORPHÉE. – *C'est nouveau.*

– Il le bouscule et passe.

L'appareil cadre le groupe Aglaonice, Eurydice et commissaire, guettant à la fenêtre, et montre le jardin où Orphée apparaît à droite.

AGLAONICE (criant). – *Eurydice ! Eurydice ! c'est lui !* – La porte d'entrée. On voit Orphée qui monte les marches du perron. Eurydice s'élance vers le perron. Ils se rencontrent dans l'encadrement de la porte. Elle s'accroche à lui, en criant :

EURYDICE. – *Mon amour !... Mon amour... enfin !* – Orphée en l'embrassant voit Aglaonice et le commissaire.

ORPHÉE. – *Qu'est-ce que vous faites là ?*

– L'appareil cadre Aglaonice avec le commissaire qui s'avance derrière elle.

AGLAONICE. – *Trop aimable ! Il est normal, Orphée, quand vous abandonnez votre femme, qu'elle fasse appel à ceux qui l'aiment.* – L'appareil cadre Orphée et Eurydice.

EURYDICE. – *J'étais morte d'inquiétude. J'ai téléphoné à Aglaonice.*

ORPHÉE. – *Et le commissaire ?*

LE COMMISSAIRE. – *Je ne sais pas si vous vous rendez compte de la gravité d'une situation...*

ORPHÉE. – *Je me rends compte que je rentre chez moi et que j'y trouve la police et une femme à laquelle j'ai défendu de passer le seuil de ma porte !*

EURYDICE (entrant dans le champ derrière Orphée). – *Orphée !...* – Aglaonice amorce un mouvement de sortie, suivie du commissaire : elle se retourne vers l'appareil.

AGLAONICE. – *Votre grossièreté dépasse les bornes. Vous pourriez bien regretter vos paroles !* – Elle monte jusqu'au perron et se retourne encore sur le seuil. – *Vous venez, commissaire ? Il me semble que vous êtes aussi indésirable que moi.*

ORPHÉE. – *Allez, allez, je ne vous retiens pas !*

LE COMMISSAIRE (décrochant son chapeau près de la porte). – *Je vous convoquerai demain, à mon bureau. Adieu, madame...* – Il sort. On le voit par la fenêtre s'éloigner avec Aglaonice.

EURYDICE. – *Orphée ! Aglaonice est dangereuse ! Sa ligue de femmes est toute-puissante... Tu es fou !* – On entend partir une voiture.

ORPHÉE. – *Je suis peut-être en train de devenir fou...*

EURYDICE. – *D'où viens-tu ?*

ORPHÉE (il éclate). – *Ah ! ça, non ! ça, non !* – Il marche de long en large à travers la chambre. Il crie. – *Pas d'interrogatoires, s'il te plaît. Pas d'interrogatoires !* – L'appareil montre Eurydice au bord des larmes, et stupéfaite.

EURYDICE. – *C'est la première fois que tu ne rentres pas de la nuit, il est naturel que je te demande...*

ORPHÉE. – *Rien ! Qu'on ne me demande rien !* – Il se verse de l'alcool et l'avale. Puis il avale un autre verre.

EURYDICE. – *Orphée ! Orphée ! Tu ne bois jamais...*

ORPHÉE. – *Je bois, ça te dérange ?*

EURYDICE. – *Moi qui attendais ton retour. Moi qui t'attendais pour t'annoncer une si grande nouvelle...* – Elle prend, dans une corbeille sur la table, près du téléphone, un petit chausson d'enfant sur des aiguilles à tricoter et le lui montre... Orphée s'élance vers l'escalier de la chambre. Eurydice laisse tomber l'ouvrage par terre. En passant près du fauteuil, Orphée, sans le voir, marche sur le chausson.

ORPHÉE. – *Qu'on ne m'annonce plus de nouvelles ! Qu'on ne m'annonce plus de grandes nouvelles surtout ! Les nouvelles qu'on m'annonce sont toujours de mauvaises nouvelles !...* – L'appareil panoramique avec lui jusqu'à la trappe.

VOIX D'EURYDICE. – *Orphée !...*

ORPHÉE. – *Assez ! Je veux dormir. Dor-mir !* – Il disparaît. La trappe ouverte retombe.

MUSIQUE

La fenêtre mansardée de la chambre, derrière la maison. Orphée l'enjambe et commence à descendre par une échelle. Suit Heurtebise qui l'observe et disparaît vers la façade. Fin du mouvement d'Orphée qui entre dans le garage. La salle commune. Heurtebise y pénètre. Musique. Intermède de l'*Orphée* de Gluck.

EURYDICE. – *Qui êtes-vous ?* – Heurtebise s'arrête à quelque distance d'Eurydice. Il n'a plus sa casquette et s'incline.

HEURTEBISE. – *C'est moi qui ai ramené votre mari.*

EURYDICE. – *D'où venait-il ?*

HEURTEBISE. – *Je suis le chauffeur de la dame qui l'a fait monter hier dans sa voiture.*

EURYDICE. – *Il a passé la nuit chez elle ?*

HEURTEBISE. – *Non, madame, ma patronne transportait un blessé grave. Votre mari se trouvait à l'endroit de l'accident, il est monté dans la voiture, mais ma patronne n'aime pas qu'on se mêle de ses affaires.*

EURYDICE. – *Alors ?*

HEURTEBISE. – *Alors elle nous a laissés sur la route. Une petite voiture qu'elle conduit elle-même l'attendait près d'un chalet où elle habite. Elle a filé avec le malade.*

EURYDICE. – *Et mon mari ?*

HEURTEBISE. – *J'avais un embêtement de contact. J'ai préféré attendre le jour. Votre mari dormait dans la voiture. Il s'inquiétait beaucoup de vous...*

EURYDICE (dans la petite cuisine, vue de haut). – *J'aimerais vous croire...*

HEURTEBISE. – *Je vous mentirais peut-être si j'étais un vrai chauffeur, mais je ne le suis pas.*

EURYDICE. – *Qu'est-ce que vous êtes ?*

HEURTEBISE. – *Un étudiant sans le sou. Je me suis engagé comme chauffeur il y a quinze jours. Mon nom est Heurtebise.*

EURYDICE. – *Vous me rendez un peu de courage. Mon mari... vous le connaissiez ?*

HEURTEBISE. – *Qui ne le connaît pas ?* – Elle retourne dans la salle commune.

EURYDICE. – *... Mon mari m'adore et il vient de me faire une scène. C'est une autre personne... Il a bu...*

HEURTEBISE. – *Vous avez laissé tomber votre ouvrage.* – Il ramasse le chausson d'enfant.

EURYDICE. – *Merci.* – La main d'Eurydice prend le chausson. Son autre main se pose doucement sur son ventre que cadre l'appareil. – *J'allais lui annoncer cette grande nouvelle. Il ne m'écoutait même pas. Il n'a rien vu, rien entendu. Il a marché sur le*

45

chausson sans se rendre compte. — L'appareil cadre les deux personnages.

HEURTEBISE. — *C'est la fatigue. On dort mal en voiture.*

EURYDICE. — *C'est peut-être cela. Il m'a crié qu'il voulait dormir.* — Eurydice se dirige vers la cuisine. — *Vous devez tomber de fatigue. Je vais vous faire du café.* — Eurydice parle en allumant le gaz, en faisant couler l'eau dans une casserole. — *Où devez-vous rejoindre votre patronne ?... Excusez-moi... cette dame ? Asseyez-vous.* — Heurtebise s'assoit près de la table.

HEURTEBISE. — *Je n'ai pas d'ordres. Je compte l'attendre en ville.*

EURYDICE (de profil devant son fourneau). — *Attendez chez nous si cela vous arrange. Il y a une petite chambre au-dessus du garage. Ce n'est pas le rêve, je vous préviens, mais vous rangerez votre voiture à côté de la nôtre et vous attendrez...*

HEURTEBISE. — *Dites la vérité : vous voulez garder sous la main un personnage de cette histoire. Ce qui n'empêche pas que vous êtes charmante.* — Eurydice contourne la table.

EURYDICE. — *Vous vous trompez, je suis une femme très simple.* — Elle cherche une tasse et du sucre dans un placard, les apporte et les dispose sur la table. – *Vous devez comprendre que des femmes de ma classe ont tout à craindre de certaines personnes.*

HEURTEBISE. – *Votre mari n'est pas de ceux qui perdent facilement la tête.*

EURYDICE. – *Il est très beau et très célèbre. C'est un miracle qu'il me reste fidèle...* – L'eau bouillonne et déborde sur le gaz qu'elle éteint. Eurydice pousse un cri et s'élance vers la cuisine. – *Mon eau !* – Eurydice prend un torchon et elle essuie, à genoux par terre. Elle se tourne vers l'appareil. – *Je suis idiote. Vous m'excusez ?*

HEURTEBISE (gros plan). – *Oh ! le gaz...*

EURYDICE. – *Quoi, le gaz ?*

HEURTEBISE. – *Il est ouvert, méfiez-vous...* – Eurydice entend le gaz qui fuse. Elle se relève, le ferme, gratte une allumette et le rallume. Le gaz fait une petite explosion.

HEURTEBISE. – *C'est une odeur que je n'aime pas et pour cause...*

EURYDICE. – *Et pour cause ?...*

HEURTEBISE. – *Je me suis suicidé au gaz. Cette odeur me pourchasse depuis ma mort.*

EURYDICE. – *Votre mort ?*

HEURTEBISE. – *Enfin... je veux dire depuis que j'ai failli me suicider.*

EURYDICE. – *Ah bon ! Vous n'avez pas l'air d'un fantôme.*

HEURTEBISE. – *J'adorais une jeune fille assez moche. C'est dommage qu'elle ne vous ait pas ressemblé. Votre nom est bien Eurydice ?*

EURYDICE. – *Pour vous servir. J'ai oublié le vôtre...*

HEURTEBISE. – *Heurtebise, pour vous servir.* (Fin de la musique de Gluck.)

Le garage-écurie. L'appareil cadre Orphée, à l'intérieur de la Rolls. La portière est ouverte. Orphée écoute la radio, il note sur un bloc.

LA RADIO. – *L'oiseau chante avec ses doigts. Deux fois. L'oiseau chante avec ses doigts. Deux fois. Je répète. L'oiseau chante avec ses doigts...*

FONDU. MUSIQUE

Chambre d'Orphée et d'Eurydice, la nuit. Clair de lune par la fenêtre. On voit, dans le miroir à trois faces, les deux lits jumeaux où dorment, à droite Eurydice, à gauche Orphée. La lumière change. La princesse sort du miroir et marche vers les deux lits. L'appareil la montre approchant de la tête du lit d'Orphée. Elle s'immobilise et regarde Orphée qui dort et rêve.

VOIX DE L'AUTEUR. – *Et, cette première nuit, la Mort d'Orphée vint dans sa chambre, le voir dormir.* – La lumière qui émane de la princesse touche le lit d'Eurydice. – *Le surlendemain...* (Fin de la musique.)

FONDU

Le garage-écurie. Pénombre et soleil. L'appareil cadre l'intérieur de la voiture. Orphée assis sur le siège avant, ses papiers à la main. Eurydice assise sur la banquette arrière. Heurtebise accoudé à une des portières ouverte.

EURYDICE. – *Il n'y a pas la radio que dans les voitures.*

ORPHÉE. – *Je ne trouve ce poste nulle part ailleurs.*

EURYDICE. – *Alors, si je veux profiter de toi, il me faudra vivre dans une voiture.*

ORPHÉE. – *Rien ne t'y oblige !* (Il touche les manettes – friture.)

EURYDICE. – *Écoute, mon amour...*

ORPHÉE (avec agacement). – *Chut !...* – Les ondes courtes se font entendre. Flash sur Orphée qui écoute les signaux des ondes courtes. Flash sur Eurydice qui regarde Heurtebise avec angoisse. Flash sur Heurtebise qui fait signe à Eurydice de se taire.

ORPHÉE. – *Je n'ai presque entendu que des phrases insignifiantes, sauf une hier, sensationnelle !*

HEURTEBISE. – *Reposez-vous un peu...*

ORPHÉE. – *Merci ! pour que les phrases recommencent dès que j'aurai tourné le dos.*

EURYDICE. – *Orphée, tu ne peux pas passer ta vie dans une voiture qui parle. Ce n'est pas sérieux.*

ORPHÉE. – *Pas sérieux ? Ma vie commençait à se faisander, à puer la réussite et la mort. Ne comprends-tu pas que la moindre de ces phrases est plus étonnante que tous mes poèmes ? Je donnerais mon œuvre entière pour une de ces petites phrases. Je traque l'inconnu.*
Orphée se retourne vers Eurydice.

EURYDICE. – *Orphée, notre enfant ne vivra pas de ces petites phrases.*

ORPHÉE. – *Voilà les femmes, Heurtebise. On découvre un monde, elles vous parlent layette et impôts.*

HEURTEBISE. – *J'admire Orphée. Moi, j'aurais entendu mille fois ces petites phrases sans y prêter la moindre attention.*

ORPHÉE. – *D'où peuvent-elles venir, Heurtebise ? Aucun autre poste ne les émet. J'ai la certitude qu'elles ne s'adressent qu'à moi...*

EURYDICE. – *Orphée ! Il n'y a pas que cette voiture qui compte. Je pourrais mourir sans que tu t'en aperçoives...*

ORPHÉE. – *Nous étions morts sans nous en apercevoir...*

HEURTEBISE. – *Méfiez-vous des sirènes.*

ORPHÉE. – *C'est moi qui les charme.*

HEURTEBISE. – *Votre voix est la plus belle. Contentez-vous de votre voix.*

ORPHÉE. – *... Chut !* (Il plonge vers la radio.)

LA RADIO. – *Je répète : 2294 deux fois. 7777 deux fois. 3398 trois fois. Je répète 2294 deux fois. 7777 deux fois. 3398 trois fois.* (Signaux des ondes courtes. Orphée note.)

EURYDICE. – *En vérité, voilà qui est très poétique* !

ORPHÉE. – *Sait-on ce qui est poétique et pas poétique* ? (Il se redresse.) *Du reste, si tu n'es pas contente, tu n'as qu'à partir. Je demande qu'on me laisse en paix, un point c'est tout.*

HEURTEBISE. – *Venez, Eurydice...*

ORPHÉE. – *Emmenez-la. Elle me rendra fou* !

EURYDICE (descendant de la voiture). – *C'est cette voiture qui te rendra fou* !

ORPHÉE (furieux). – *Ho* !... – Eurydice descend de la voiture, aidée par Heurtebise qui la soutient vers la porte.

ORPHÉE (criant). – *Emmenez-la vite, Heurtebise, je ferais un malheur.*

La chambre d'Orphée. Heurtebise entre par la trappe avec Eurydice.

EURYDICE. – *Orphée a été atroce...*

HEURTEBISE. – *Mais non... c'est un génie et les génies ont tous de ces caprices.*

EURYDICE. – *...Ce n'est pas cette voiture qui parle, que je redoute... c'est ce qu'il y cherche...*

HEURTEBISE. – *Il n'agirait pas autrement avec cette femme… il ne pense qu'à ses phrases.*

EURYDICE. – *Je suis sotte, Heurtebise, mais je sens les choses. C'est la première fois qu'Orphée me traite comme un chien.*

HEURTEBISE. – *N'exagérez pas. Ce n'est qu'une petite dispute de ménage.*

EURYDICE. – *Cela commence par de petites disputes de ménage.*

HEURTEBISE. – *Vous allez vous étendre et fermer les yeux.* – Sonnerie du téléphone.

EURYDICE. – *Voulez-vous répondre à ma place ?* (Elle ferme les yeux.)

Dans la salle commune. La table du téléphone. Heurtebise décroche le récepteur.

HEURTEBISE. – *Oui… chez Orphée. Non… ce n'est pas Orphée. Oui… oui… c'est entendu, monsieur le commissaire… Je vais lui transmettre votre message.* – Heurtebise disparaît. On voit le récepteur se raccrocher tout seul. Devant le garage. L'appareil montre l'apparition d'Heurtebise. L'appareil cadre Orphée en train de sortir du garage, puis se retournant vers Heurtebise.

HEURTEBISE. – *Le commissaire a téléphoné.*

Il vous attend à son bureau. Votre femme a eu un léger malaise.

ORPHÉE. – *C'est naturel dans son état.*

HEURTEBISE. – *Allez la voir…*

ORPHÉE. – *Soit. Soyez assez aimable pour sortir la voiture. Vous me conduirez chez le commissaire.*

HEURTEBISE. – *Ma voiture ?*

ORPHÉE. – *La mienne. Il faut que personne ne se doute que l'autre voiture est ici. Toute la ville la connaît. –* Orphée s'éloigne. Heurtebise le regarde s'éloigner et entre dans le garage.

Le garage. Pétarade des motocyclettes. Heurtebise s'élance vers la porte et l'ouvre. On voit les motocyclistes passer à toute allure. La chambre. Eurydice est allongée sur son lit. Orphée l'embrasse.

ORPHÉE. – *Qu'est-ce que tu as ? Tu ne te sens pas bien ?*

EURYDICE. – *Très bien.*

ORPHÉE. – *Veux-tu que je fasse venir une garde ?*

EURYDICE. – *Une garde ?*

ORPHÉE. – *Je ne peux pas te laisser seule…*

EURYDICE (souriant). – *Je ne serai pas seule…*

ORPHÉE. – *Ne t'étonne pas de ma mauvaise humeur. Je somnolais sur mes lauriers. Il est capital que je me réveille…*

EURYDICE. – *Rentre vite…*

ORPHÉE. – *Tu me pardonnes ?… Je suis nerveux…* – Orphée s'enfonce dans la trappe. La route devant le garage. Heurtebise finit de sortir la petite voiture d'Orphée en marche arrière et la range au bord de la route. Il descend du siège et va fermer les portes. Orphée arrive du jardin et s'approche de la voiture. Au moment où il va se retourner pour chercher Heurtebise du regard, on entend le choc du vantail. Orphée se retourne d'un bond.

HEURTEBISE. – *Qu'est-ce qui se passe ? Je vous ai fait peur ?*

ORPHÉE. – *J'ai les nerfs à vif. Je ne pourrais même pas conduire.*

HEURTEBISE. – *Si je vous mène, vous ne craignez pas qu'on me reconnaisse ?*

ORPHÉE (montant dans la voiture). – *Vous me déposerez et vous m'attendrez plus loin que le quartier où l'on risquerait de vous reconnaître.* – Mise en marche. La voiture part et quitte le champ.

Une rue ouvrière au bas d'un escalier qui monte à pic vers des immeubles et un bec de gaz. La voiture arrive et s'arrête. Orphée descend.

ORPHÉE. – *Je vais à la Préfecture de Police et je reviens.*

HEURTEBISE (riant). – *On ne sait jamais si on revient de la Préfecture de Police.*

ORPHÉE. – *Vous êtes gai !* (Il s'engage sur les marches.)

MUSIQUE. LÉGER ENCHAÎNÉ

Orphée arrive sur le refuge central du square Bolivar. Une petite fille saute à la corde. Orphée s'arrête et regarde vers la rue, plus haut que les bâtisses semblables à des forteresses qui flanquent ce square. La princesse longe cette rue, s'engouffre sous une porte cochère. Orphée s'élance derrière la princesse. Il débouche sous les arcades de la place des Vosges. Il ne voit personne. Sortant de sous une arche, il voit la princesse qui débouche d'une autre; elle consulte son bracelet-montre et s'enfonce de nouveau sous les arcades. Il court sur ses talons et trouve les arcades désertes. Il s'élance vers le bout des arcades et tourne le coin de la rue. Le marché couvert de Boulogne. Des campeurs stoppent un camion qui manque d'écraser Orphée. Orphée aux campeurs :

ORPHÉE. – *Vous n'auriez pas vu passer une jeune femme brune ?*

UN CAMPEUR répond en suédois et le camion s'éloigne. – Comme Orphée regarde autour de lui, on voit la princesse apparaître au milieu de l'image et s'engager dans les halles vides. Orphée s'élance à sa poursuite. Il se cogne dans un cycliste tenant son vélo à la main, portant une échelle sur l'épaule.

LE CYCLISTE. – *Eh bien, monsieur Orphée, le torchon brûle ?* – Orphée bouscule le cycliste et se précipite jusqu'au bout d'un couloir des halles. Un couple s'embrasse, immobile, collé contre une palissade.

ORPHÉE. – *Pardon, monsieur...* – Voyant ce couple sourd et aveugle, Orphée traverse le labyrinthe des halles. Une grosse femme arrange des caisses. – *Vous n'avez pas vu passer une jeune femme ?*

LA GROSSE FEMME. – *Alors, monsieur Orphée, vous courez les filles ?*

ORPHÉE. – *Une jeune femme très mince, très élégante, qui marchait très vite.*

LA GROSSE FEMME. – *C'est moi.* (Elle éclate de rire.) – Orphée continue. Il arrive à une des grilles de sortie.

UNE JEUNE FILLE (s'élance). – *Monsieur Orphée, donnez-moi un autographe, s'il vous plaît.*

ORPHÉE. – *Je n'ai pas de quoi écrire.*

LA JEUNE FILLE. – *Monique ! Passe-moi ton stylo !* – Une horde de filles entoure Orphée et s'accroche à ses vêtements. Orphée se débat. On voit la princesse de l'autre côté de la rue monter dans une voiture et mettre en marche.

ORPHÉE. – *Lâchez-moi ! Lâchez-moi !*

LES FILLES. – *Donnez-nous un autographe. Signez sur mon carnet de classe, sur ma carte de travail. Soyez chic...*

ORPHÉE (criant). – *Lâchez-moi !*

LES FILLES. – *Il est moins bien de près. Ce n'est pas lui ! Si, si... C'est lui ! C'est lui ! Signez !* – La voiture démarre. Orphée se débat au milieu de la grappe des filles. *Signez ! Signez ! là... là...* – Orphée s'arrache du groupe dans la direction de la voiture.

UNE DES JEUNES FILLES (criant). – *Imbécile !*

UNE JEUNE FILLE (sortant du café en face, elle agite un journal). – *Par ici, arrivez vite. Je comprends qu'il n'en mène pas large. Lisez ça.* (Le journal cache les jeunes filles qui lisent.)

FONDU
sur un autre journal qui s'abaisse
et découvre le commissaire.

Cabinet du commissaire à la Préfecture. – Devant le bureau, assis, se tiennent le monsieur du Café des Poètes, le journaliste, deux écrivains, Aglaonice et une jeune femme de la ligue.

LE COMMISSAIRE. – *Article très, très fâcheux...*

TUMULTE

LE COMMISSAIRE. – *Parlez chacun à votre tour. Sans cela nous n'arriverons jamais à rien. Vous me disiez, cher monsieur, que cette phrase est un poème. Ceci vous regarde. J'admets tout, a priori. Vous avez la parole.*

LE MONSIEUR DU CAFÉ. – *Orphée m'avait envoyé ces textes hier matin. Je les avais trouvés assez étonnants. Je les montre à des camarades...*

Premier écrivain. – *Et je constate qu'un de ces textes, d'une allure assez étonnante, je l'avoue, me rappelle quelque chose.*

Le commissaire (il consulte des feuilles). – *C'est, si je ne me trompe, le texte : « L'oiseau chante avec ses doigts. » Je cite sous toutes réserves.*

Premier écrivain. – *Le jour de l'accident, le gosse était un peu noir.*

Le commissaire. – *Vous parlez bien de la victime ?*

Premier écrivain. – *Jacques Cégeste. Il devait nous remettre un poème. J'ai ramassé les feuilles par terre, au Café des Poètes, le jour de la bagarre.* (On voit la scène.) *C'est la phrase écrite par lui que vous avez entre les mains.*

Le monsieur. – *Orphée ne connaissait pas Cégeste. Il était à ma table. Il le voyait pour la première fois. Le jeune homme disparaît dans des circonstances tragiques. Et sa phrase nous revient par l'entremise d'Orphée qui était dans la voiture et qui affirme ne pas savoir ce qu'il est devenu.*

Le commissaire (à Aglaonice). – *Madame, vous dirigez bien un club de femmes : « Les Bacchantes » ? On y boit très tard dans la nuit.*

AGLAONICE. – *Du champagne, monsieur le commissaire. C'est exact.*

LE COMMISSAIRE. – *Qu'avez-vous à me dire ?*

AGLAONICE. – *Orphée a épousé une de mes anciennes servantes. Nous aimons beaucoup cette petite. Lorsqu'elle est triste, elle se confie à nous. Elle nous avait avoué être très malheureuse.*

LE COMMISSAIRE. – *Mesdames, messieurs, je ne doute pas une minute de votre bonne foi ni de votre désir de venir en aide à la justice. Mais ces preuves sont bien minces pour inculper une gloire nationale. Orphée ! N'oubliez pas qu'on dit, à l'heure actuelle, d'une fanfare municipale : un orphéon !*

PREMIER ÉCRIVAIN (se levant). – *Nous nous foutons des gloires nationales : nous ferons notre justice nous-mêmes.* (Il s'éloigne vers la porte.) – Le commissaire tourne autour de sa table et les suit.

LE COMMISSAIRE. – *J'ai convoqué Orphée. Je l'attends d'une minute à l'autre. Il m'expliquera, sans doute...*

LE MONSIEUR DU CAFÉ. – *Si la justice refuse d'intervenir, nous interviendrons.* (Il salue.) *Monsieur le commissaire.* (Il sort, suivi des écrivains et d'Aglaonice.)

LE COMMISSAIRE (courant derrière eux).
– *Messieurs ! Messieurs !... Mesdames !...*
(La porte claque.)

La rue populaire, au bas des escaliers qui conduisent au square Bolivar. Orphée se dirige vers la voiture où Heurtebise lisait un journal. Il monte auprès de Heurtebise qui lui tend le journal.

HEURTEBISE. – *Vous avez lu l'article ?*

ORPHÉE. – *Non, et je ne le lirai pas.* (Il jette le journal.)

HEURTEBISE. – *Vous avez raison, c'est ignoble.*

ORPHÉE (pendant que Heurtebise met en marche). – *N'en parlez pas à ma femme, surtout.*

HEURTEBISE. – *Vous avez rencontré beaucoup de monde ?*

ORPHÉE. – *Non. Il me semble même que les rues étaient vides. Je n'ai rencontré que des jeunes filles qui m'ont demandé des autographes. Et vous ?*

HEURTEBISE. – *Non. Ah si ! Ma patronne. Elle passait dans une petite voiture découverte. Elle a seulement ralenti et m'a crié que la Rolls était bien chez vous, et que je l'y attende.*

ORPHÉE. – *Il fallait courir après elle, lui crier de s'arrêter !*

HEURTEBISE. – *Ce n'est pas. le rôle d'un chauffeur de donner des ordres. Le rôle d'un chauffeur consiste plutôt à en recevoir.*

ORPHÉE. – *Elle vous a donné des ordres ?*

HEURTEBISE. – *Non, elle m'a dit d'attendre ses ordres chez vous. Que vous a dit le commissaire ?*

ORPHÉE. – *Je n'ai pas été à la Préfecture.* (La voiture s'éloigne.)

FONDU

Le fondu ouvre sur la chambre nocturne. La mort d'Orphée au pied du lit, en gros plan, avec des yeux peints sur les paupières.

VOIX DE L'AUTEUR. – *Et chaque nuit, la mort d'Orphée revenait dans la chambre.*

FONDU

La chambre commune de la maison d'Orphée.

HEURTEBISE. – *Non, Eurydice. Non…*

EURYDICE. – *J'irai, Heurtebise. J'irai chez Aglaonice. Il le faut. Elle seule saura me donner un conseil.*

HEURTEBISE. – *Orphée détesterait cette démarche.*

EURYDICE. – *Orphée se moque de tout ce qui n'est pas la voiture de cette femme.*

HEURTEBISE. – *Et même si je consentais à vous conduire en ville, Orphée occupe le garage. Il vous verrait sortir.*

EURYDICE. – *J'irai à bicyclette. J'en ai l'habitude.*

HEURTEBISE. – *C'est ridicule, dans votre état.*

VOIX D'EURYDICE. – *J'irai.*

HEURTEBISE. – *Eurydice ! Je n'ai pas qualité pour vous le défendre – mais si je vous en prie ?* – Eurydice s'éloigne vers la porte du perron.

EURYDICE. – *J'irai tout de même. Vous ne m'empêcherez pas. Je deviens folle.* – Elle sort.

HEURTEBISE (sur le perron). – *Aglaonice ne vous apprendra rien et vous serez morte de fatigue...* – Il rentre. Pétarade lointaine des motocyclettes. Il s'approche de la fenêtre. On voit de l'extérieur son expression bouleversée. Terrible vacarme de dérapage.

Flash sur le bord de la route (talus) devant la maison d'Orphée. On voit la bicyclette qui s'échoue en roulant toute seule et les motocyclistes qui disparaissent. Flash sur Orphée dans la voiture, à l'intérieur du garage, penché vers la radio. Ondes courtes.

FONDU ENCHAÎNÉ

La chambre d'Orphée. Heurtebise y pénètre par la trappe, portant le corps d'Eurydice. Il s'approche du lit et l'y dépose. La lumière change. La princesse sort du miroir à trois faces, dont elle pousse les volets de droite et de gauche. C'est elle qui éclaire ce qu'elle approche.

LA PRINCESSE. – *Allons, allons, Cégeste ! Habituez-vous à me suivre.* – Cégeste sort du miroir, une valise de métal à la main. – *Voulez-vous fermer vos portes ?*

CÉGESTE. – *Quelles portes ?*

LA PRINCESSE. – *Le miroir. Vous ne comprenez jamais ce qu'on vous dit.* – Cégeste referme les deux côtés du miroir. La princesse et Cégeste se dirigent vers le lit où Heurtebise s'est dressé, comme au garde-à-vous.

LA PRINCESSE. – *Salut !*

HEURTEBISE. – *Salut !*

LA PRINCESSE. – *Tout va bien ?*

HEURTEBISE. – *C'est selon.*

LA PRINCESSE. – *Qu'est-ce que vous entendez par là ?*

HEURTEBISE. – *Rien, madame.*

LA PRINCESSE. – *Tant mieux. Il me déplaît souverainement qu'on se révolte.* – La princesse se détourne et se dirige vers Cégeste, en train de fermer la trappe.

LA PRINCESSE (marchant). – *Orphée est au garage ?*

HEURTEBISE. – *Oui, madame.*

LA PRINCESSE. – *Eh bien, Cégeste. Pourquoi faites-vous cette figure ? Vous vous atten-diez sans doute à me voir travailler avec un suaire et une faux. Mais, mon garçon, si j'apparaissais aux vivants comme ils me représentent, ils me reconnaîtraient et cela ne faciliterait pas notre tâche.* – Cégeste se dirige vers la table.

LA PRINCESSE. – *Heurtebise vous aidera. Vous n'en sortirez jamais. Je fermerai moi-même ces rideaux puisque personne de vous n'y songe.* (Elle les ferme.) *Ne laissez sur la table que l'appareil émetteur.*

Pénombre.

LA PRINCESSE. – *Cégeste, envoyez les messages. Allons, allons, secouez-vous un peu. Cela vous réussit mal de ne plus boire. Je n'ai pas de temps à perdre.* (Lumière produite par la princesse.) – Cégeste est placé debout devant la table et touche les appareils; on entend le cliquetis de la manette. La princesse quitte la fenêtre.

CÉGESTE (voix des messages). – *Le crêpe des petites veuves est un vrai déjeuner de soleil. Deux fois. Le crêpe des petites veuves est un vrai déjeuner de soleil. Deux fois. Je répète, le crêpe des petites veuves...*

LA PRINCESSE. (En marche vers Cégeste. Ironiquement.) – *Vos phrases sont des trouvailles tout à fait exquises! Où sont mes gants?*

HEURTEBISE. – *Ils ne sont pas dans le sac.* – Les phrases continuent et des chiffres 5.5.7.2.3.7.3.5.5.7.12. Je répète (etc.) et télégraphe.

LA PRINCESSE (vers Cégeste). – *Les auriez-vous oubliés? Ce serait le comble!*

CÉGESTE. – *Oui, madame. Que Madame me pardonne.*

LA PRINCESSE. – *J'en étais sûre. Passez-moi les vôtres.* – Cégeste lui passe ses gants de caoutchouc.

LA PRINCESSE. – *Vite... Vite... à votre poste.*

Vous savez que j'exige une discipline méti-
culeuse, comme sur un bateau. – On voit
la princesse contourner le lit en finissant
de mettre les gants. On voit Eurydice,
inanimée, éclairée par les saccades lumi-
neuses de l'appareil de Cégeste.

HEURTEBISE. – *Vous avez des ordres ?*
– La princesse se dresse et se dégante.

LA PRINCESSE. – *Vous dites ?*

HEURTEBISE. – *Je vous demande si vous avez*
des ordres.

LA PRINCESSE. – *Lorsque j'exécute les ordres*
qu'on me donne, j'exige qu'on exécute les
miens.

HEURTEBISE. – *C'est justement pour cela*
que je vous demande si vous avez des
ordres.

LA PRINCESSE. – *Vous osez !*

HEURTEBISE. – *Si vous aviez des ordres, vos*
tueurs auraient fini la besogne.

LA PRINCESSE. – *Seriez-vous amoureux de*
cette idiote ?

HEURTEBISE. – *Et si cela était ?*

LA PRINCESSE. – *Vous n'êtes libre d'aimer ni*
dans un monde ni dans l'autre.

HEURTEBISE. – *Vous non plus*. – La princesse, de rage, s'avance vers Heurtebise.

LA PRINCESSE. – *Quoi ?*

HEURTEBISE. – *On n'échappe pas à la règle.* – Les deux personnages (profil contre profil) s'affrontent.

LA PRINCESSE. – *Je vous ordonne de vous taire !*

HEURTEBISE. – *Vous êtes amoureuse d'Orphée et vous ne savez pas comment vous y prendre...*

LA PRINCESSE. – *Taisez-vous !* (Sa robe devient blanche.) – Elle sort du champ.

HEURTEBISE. – *Je...* (geste de colère). – Il disparaît sur place. La princesse se rue vers la table de Cégeste. Sa robe redevient noire.

LA PRINCESSE. – *Émettez vos messages ! Émettez vos messages ! Inventez n'importe quoi.*

CÉGESTE (retourné vers la chambre). – *Madame... Est-ce que je pourrais disparaître et apparaître comme Heurtebise ?*

LA PRINCESSE. – *Vous êtes trop maladroit ! Émettez !*

CÉGESTE (voix du poste). – *Jupiter rend sages ceux qu'il veut perdre. Je répète. Jupiter…*

Dans le garage. L'appareil montre le visage d'Orphée près de la radio et sa main sur les boutons. On entend la suite de la phrase précédente :

LA RADIO. – *Jupiter rend sages ceux qu'il veut perdre – trois fois – Jupiter rend sages ceux qu'il veut perdre. Attention, écoute* (télégraphe)… (le texte continue pendant le dialogue). *Le ciel nocturne est une haie de mai…* – L'appareil cadre Heurtebise à la portière.

HEURTEBISE. – *Orphée ! Orphée !*

ORPHÉE. – *Alors, on ne me laissera jamais tranquille !* – L'appareil montre, à l'intérieur de la voiture, Orphée tourné vers Heurtebise debout à la portière.

HEURTEBISE. – *Votre femme est en grand danger. Suivez-moi.*

LA RADIO. – *Le ciel nocturne est une haie de mai. Je répète : Le ciel nocturne* (etc.).

ORPHÉE. – *Taisez-vous !…* (Il saisit ses papiers et note sur son genou.)

HEURTEBISE. – *Je vous dis que votre femme est en grand danger.*

ORPHÉE. – *Vous m'empêchez d'entendre...*

HEURTEBISE. – *M'écouterez-vous ?...*

ORPHÉE. – *Attendez que je finisse d'inscrire.* (Il inscrit...) *« Haie de mai... »*

HEURTEBISE (criant). – *Orphée, votre femme se meurt !*

ORPHÉE. – *Vous ne la connaissez pas. Ce sont des comédies pour me faire rentrer à la maison.* – Heurtebise quitte le champ. L'appareil cadre tout le lit d'Eurydice et la princesse debout, près d'elle. Tête du lit. La princesse finit d'ôter un cercle de métal du cou d'Eurydice. Eurydice parlera comme Cégeste dans la scène du chalet (voix plate).

LA PRINCESSE. – *Levez-vous.* – Eurydice se lève par le système du tournage à l'envers. Elle descend du lit et se trouve debout en face de la princesse.

LA PRINCESSE. – *Vous savez qui je suis.*

EURYDICE. – *Oui.*

LA PRINCESSE. – *Dites-le.* – L'appareil cadre la trappe qui s'ouvre. Heurtebise la soulève et reste debout en haut des marches. Sur cette image, on entend la suite du dialogue.

VOIX D'EURYDICE. – *Ma mort.*

VOIX DE LA PRINCESSE. – *Vous appartenez désormais à l'autre monde.*

EURYDICE. – *J'appartiens désormais à l'autre monde.*

LA PRINCESSE. – *Vous obéirez à mes ordres.*

EURYDICE. – *J'obéirai.*

LA PRINCESSE. – *C'est parfait.* (À Heurtebise :) *Ah ! vous voilà, vous ! Orphée a dû refuser de vous suivre.*

HEURTEBISE. – *Je parlerai... ailleurs.*

LA PRINCESSE. – *Je parlerai aussi. J'en ai beaucoup à dire.* – La princesse passe devant Eurydice, debout, immobile, un peu en avant du pied du lit. Elle se dirige vers Cégeste en ôtant ses gants et en les jetant sur le lit d'Orphée. Gros plan des gants de caoutchouc qui tombent sur le lit d'Orphée. La princesse termine le mouvement qui la mène vers Cégeste, en train de ranger en hâte et de boucler la valise.

LA PRINCESSE. – *N'oubliez pas mes appareils. Vous oubliez tout !...* – Cégeste range et boucle la valise.

LA PRINCESSE. – *Bon.* (Elle se tourne vers

Heurtebise.) *Je suppose, Heurtebise, que vous désirez rester sur terre. Dans cette trappe, vous avez tout d'un fossoyeur. Vous êtes très ridicule.*

HEURTEBISE. – *Je ne suis pas le seul.*

LA PRINCESSE. – *Je prends bonne note de vos insolences. Cégeste !* – Cégeste traîne auprès du lit et semble étonné de voir deux Eurydice. Une sur le lit, l'autre qui marche vers la princesse.

LA PRINCESSE. – *Apprendrez-vous jamais à ne pas regarder en arrière ? À ce petit jeu, il y en a qui se changent en statues de sel.* – Elle brise le miroir d'un coup de poing. Le miroir s'écroule. Sa robe devient blanche. Le cortège entre dans le miroir brisé. Le miroir se reforme en silence. Heurtebise s'approche du miroir reconstitué qui reflète son image. Il se retourne. Dans le miroir on le voit se diriger vers le lit où est étendue Eurydice. Gros plan d'Eurydice morte. La main de Heurtebise se pose sur son front.

De la fenêtre de la chambre, en contre-bas : devant le garage on voit sortir Orphée qui semble fermer la porte avec regret.

HEURTEBISE (à la fenêtre). – *Orphée ! Je vous avais prévenu. Vous arrivez trop tard...*

ORPHÉE. – *Trop tard ?*

VOIX DE HEURTEBISE. – *Montez…*

ORPHÉE. – *Qu'est-ce que vous faites dans ma chambre ?*

HEURTEBISE. – *Entrez… par cette fenêtre qui vous est si commode pour sortir.* – Orphée grimpe à l'échelle. Chambre. Il escalade la fenêtre et la referme.

ORPHÉE. – *Je vous demande ce que vous faites dans ma chambre.*

HEURTEBISE. – *Votre femme…*

ORPHÉE. – *Quoi, ma femme ?*

HEURTEBISE. – *Votre femme est morte.*

ORPHÉE. – *Vous plaisantez…*

HEURTEBISE. – *Ce serait une plaisanterie bien étrange. Vous avez refusé de m'entendre…*

ORPHÉE (criant). – *Eurydice ! Eurydice !*

HEURTEBISE. – *Écoutez-moi… écoutez-moi, Orphée.* – Orphée se jette à genoux près du lit.

ORPHÉE. – *Eurydice !…*

HEURTEBISE. – *Il est trop tard pour la plaindre.*

ORPHÉE (se tournant, le visage bouleversé, vers Heurtebise). – *Mais, comment ? Comment ? Pourquoi ?*

HEURTEBISE. – *Elle a fait une mauvaise chute et je devine qu'il y a encore autre chose…*

ORPHÉE. – *Mais quoi ? Mais quoi ?* (Il retourne à Eurydice.) *Eurydice ! Eurydice ! Ce n'est pas possible ! Regarde-moi ! Parle-moi !*

HEURTEBISE. – *Il vous reste encore un moyen de racheter votre folie.* – De près, sur Orphée qui se roule la tête sur les draps.

ORPHÉE. – *C'est le rêve qui continue ! Mon cauchemar qui continue ! Je vais me réveiller ! Qu'on me réveille !* – Heurtebise l'empoigne par les épaules.

HEURTEBISE. – *Écoutez-moi. M'écouterez-vous ?… M'écouterez-vous ?… Orphée !*

ORPHÉE (levant le visage). – *Tout est inutile !*

HEURTEBISE. – *Il vous reste une chance.*

ORPHÉE (amèrement). – *Laquelle ?* – Heurtebise le soulève avec toute sa force, et l'oblige à se mettre debout.

HEURTEBISE. – *Orphée !* (Le secouant.) *Orphée !... Vous connaissez la mort.*

ORPHÉE. – *J'en parlais. J'en rêvais. Je la chantais. Je croyais la connaître. Je ne la connaissais pas...*

HEURTEBISE. – *Vous la connaissez... en personne.*

ORPHÉE. – *En personne ?*

HEURTEBISE. – *Vous êtes allé chez elle.*

ORPHÉE. – *Chez elle ?*

HEURTEBISE. – *Dans sa propre chambre...*

ORPHÉE (cri). – *La princesse !* – Heurtebise fait un signe de tête affirmatif. – *Dieu !...* (Il s'arrache de Heurtebise.) – Fin du mouvement d'Orphée qui s'arrache de l'étreinte de Heurtebise et s'élance vers le miroir. – *Le miroir...* – Heurtebise s'approche d'Orphée, face au miroir.

HEURTEBISE. – *Je vous livre le secret des secrets... Les miroirs sont les portes par lesquelles la mort vient et va. Du reste, regardez-vous toute votre vie dans une glace et vous verrez la mort travailler comme les abeilles dans une ruche de verre.* – Orphée le dépasse et touche le miroir. Il se retourne vers Heurtebise.

ORPHÉE. – *Comment savez-vous toutes ces choses redoutables ?*

HEURTEBISE. – *Ne soyez pas naïf. On n'est pas le chauffeur que je suis sans apprendre certaines choses... redoutables.*

ORPHÉE. – *Heurtebise ! il n'y a plus rien à faire.*

HEURTEBISE. – *La rejoindre.*

ORPHÉE. – *Aucun homme ne le peut... sauf s'il se tue.*

HEURTEBISE. – *Un poète est plus qu'un homme.*

ORPHÉE. – *Mais ma femme est là... morte... sur son lit de mort !...* – On le voit dans la glace qui se retourne et s'élance vers la tête du lit.

HEURTEBISE. – *C'est une forme d'elle, comme la princesse est une des formes de la mort. Tout cela est faux. Votre femme habite un autre monde où je vous invite à me suivre.*

ORPHÉE. – *Je la suivrais aux enfers...*

HEURTEBISE. – *On ne vous en demande pas tant.*

ORPHÉE. – *Heurtebise... Je veux rejoindre Eurydice.*

HEURTEBISE. – *Vous n'avez pas à me sup-
plier. Je vous l'offre.* (Posant ses mains
sur les épaules d'Orphée :) *Orphée, regar-
dez-moi dans les yeux. Désirez-vous
rejoindre Eurydice ou la mort ?*

ORPHÉE. – *Mais...*

HEURTEBISE. – *Je vous pose une ques-
tion précise, ne l'oubliez pas. Est-ce la
mort que vous désirez rejoindre ou Eurydice ?...*

ORPHÉE (détournant le regard). – *Les deux...*

HEURTEBISE. – *...Et, si possible, tromper
l'une avec l'autre...*

ORPHÉE (s'élançant vers le miroir). – *...Dé-
pêchons-nous.*

HEURTEBISE. – *Je me félicite de n'être plus
dans la vie.* – L'appareil montre le lit
d'Orphée avec les gants oubliés par sa
mort. La main de Heurtebise entre dans
le champ et les enlève de l'image. – *On
a oublié des gants chez vous.*

ORPHÉE. – *Des gants ?*

HEURTEBISE. – *Mettez-les. ... Allez, allez...
Mettez-les.* (Il les lui jette.) – Orphée reçoit
les gants au vol. Il hésite un instant, puis
se gante. (Image prise à l'envers.)

HEURTEBISE (près du miroir). – *Avec ces gants, vous traverserez les miroirs comme de l'eau !*

ORPHÉE. – *Prouvez-le-moi.*

HEURTEBISE. – *Essayez. Je vous accompagne. Regardez l'heure.* – Gros plan de la pendule qui marque six heures moins une seconde. Orphée s'apprête à s'engager dans le miroir, les mains basses. – *D'abord les mains !* – Gros plan des mains gantées vers le miroir. On y voit Orphée qui avance. Les quatre mains se rejoignent. Vu d'en l'air. – *Auriez-vous peur ?*

ORPHÉE. – *Non, mais cette glace est une glace et j'y vois un homme malheureux.*

HEURTEBISE. – *Il ne s'agit pas de comprendre. Il s'agit de croire.* – Orphée, les mains en avant, entre dans le miroir. Gros plan des mains qui pénètrent dans le miroir. (Fait dans une cuve de mercure.) On voit, dans le miroir, une ébauche de la zone où s'enfoncent Orphée et son guide. Puis l'image de la chambre s'y reforme. La grille du jardin d'Orphée où un facteur sonne. Il sonne une seconde fois, regarde, glisse une lettre par la fente de la boîte aux lettres. Par la paroi de verre on voit la lettre qui s'engage dans la fente.

Une rue en ruine, semblable à quelque Pompéi de Gradiva ou à quelque rue d'un quartier en démolition sur la Rive gauche. Un vent silencieux ne touche que Heurtebise.

ORPHÉE (marchant derrière Heurtebise qui avance immobile). – *Où sommes-nous?*

HEURTEBISE. – *La vie est longue à être morte. C'est la zone. Elle est faite des souvenirs des hommes et des ruines de leurs habitudes.*

ORPHÉE. – *Et tous les miroirs du monde peuvent conduire à cette zone?*

HEURTEBISE. – *Je le suppose, mais je ne voudrais pas me donner des gants. Ne croyez pas que j'en sache beaucoup plus long que vous.* – Orphée s'arrête, regarde en arrière et autour de lui, ce qui l'éloigne de Heurtebise, lequel ne semble pas bouger, mais derrière qui défile la zone.

HEURTEBISE (se tournant vers Orphée, sans s'arrêter dans sa marche immobile). – *Marchez... marchez...*

ORPHÉE (marchant et le rejoignant un peu en arrière). – *J'ai peine à vous suivre. On dirait que vous marchez immobile...*

HEURTEBISE. – *Moi, c'est autre chose.* – Un vitrier traverse la rue derrière Orphée.

LE VITRIER. – *Vitrier ! Vitrier !...*

ORPHÉE. – *Que font ces gens qui rôdent ? Est-ce qu'ils vivent ?*

HEURTEBISE. – *Ils le croient. Rien n'est plus tenace que la déformation professionnelle.*

ORPHÉE. – *Nous allons loin ?*

HEURTEBISE. – *Les mots que vous employez n'ont pas de sens chez nous.*

ORPHÉE. – *Il ne fait pas de vent. Pourquoi avez-vous l'air d'avancer contre le vent ?*

HEURTEBISE. – *Pourquoi... toujours pourquoi. Ne me posez plus de questions, marchez. Faudra-t-il que je vous prenne par la main ?* – Après une dernière glissade immobile, Heurtebise empoigne la main d'Orphée et le traîne. Ils traversent une esplanade. Ensuite on les voit descendre des marches et s'éloigner vers la gauche sur un fond de décombres. La chambre au miroir dans le chalet de la mort. Derrière la table, trois juges. Au bout de la table, à droite, le greffier sténographie. Devant la table, debout, Cégeste, dans son costume du début du film. Un des motocyclistes garde la porte qui correspond au palier. Volets clos. Nuit. Éclairage très dur de la lampe électrique sur la table et au plafond. Papiers sur la table.

PREMIER JUGE. – *Aviez-vous reçu l'ordre d'envoyer vos messages ?*

CÉGESTE. – *Oui.*

PREMIER JUGE. – *Aviez-vous reçu l'ordre d'envoyer certains messages ? Deviez-vous en soumettre d'abord les textes ? Prenez garde à vos réponses.*

CÉGESTE. – *Non, j'inventais les phrases et les chiffres. J'ai même envoyé des phrases que j'avais écrites avant.*

DEUXIÈME JUGE. – *Aviez-vous remarqué quelque chose de spécial dans l'attitude de Heurtebise ?*

CÉGESTE. – *Non. Je l'admirais de disparaître et d'apparaître à volonté. J'aurais voulu pouvoir le faire. Mais la princesse m'a dit que je n'y arriverais jamais, que j'étais trop maladroit.*

PREMIER JUGE. – *Passons... passons...* – Le premier juge se penche vers l'autre juge et lui parle à l'oreille.

DEUXIÈME JUGE. – *Reconduisez ce jeune homme et faites entrer la seconde personne.* – On voit le premier motocycliste qui s'approche de Cégeste, le prend par l'épaule et le fait sortir. Sortie de Cégeste et du motocycliste. Ils disparaissent à droite vers l'escalier qu'ils descendent. La porte d'en face est ouverte. La princesse apparaît, suivie par le second motocycliste. Elle s'avance vers l'appareil tandis que le second motocycliste prend la place du premier, contre la porte qu'il ferme. La princesse s'arrête devant la table.

LA PRINCESSE. – *Puis-je m'asseoir ?*

PREMIER JUGE. – *Asseyez-vous.*

LA PRINCESSE (s'asseyant). – *Puis-je fumer ?*

PREMIER JUGE. – *Si bon vous semble.* – La princesse prend une cigarette dans son étui et l'allume avec un briquet. Elle pose étui et briquet sur le bord de la table.

VOIX DU PREMIER JUGE. – *Vous êtes accusée... n'ayant reçu que l'ordre...*

TROISIÈME JUGE. – *Ou du moins la permission...*

PREMIER JUGE. – *...de prendre un jeune homme à votre service, d'avoir emmené une femme sans aucun ordre, de vous être livrée à des entreprises particulières... d'avoir fait preuve d'initiative. Qu'avez-vous à répondre ?*

LA PRINCESSE. – *Rien. Tout est arrivé par un enchaînement de circonstances.*

DEUXIÈME JUGE. – *Il ne saurait y avoir de circonstances. Il y a des ordres. En aviez-vous ?*

LA PRINCESSE. – *Les lois qui régissent l'autre monde sont si différentes des nôtres. J'ai pu déborder mon travail sans m'en rendre compte.* (Les juges se parlent bas.)

PREMIER JUGE. – *Pour supplément d'enquête et pour la suite de votre interrogatoire, nous attendons un inculpé et un témoin.*

LE SECOND MOTOCYCLISTE. – *Ils arrivent.* – Il touche le miroir dans le cadre duquel on voit apparaître Orphée qui saute dans la chambre. Heurtebise descend du cadre du miroir. Orphée recule.

HEURTEBISE. – *Nous sommes faits comme des rats.*

LA PRINCESSE. – *Salut ! Ne vous y trompez pas, monsieur, vous êtes devant mes juges. Restez calme.* – Orphée regarde la princesse et approche de la table. Heurtebise vient se placer à sa droite.

PREMIER JUGE. – *Approchez.* (Heurtebise approche.)

LA PRINCESSE. – *Eh bien, Heurtebise* (elle

fume et envoie sa fumée), *voilà le moment de dire ce que vous avez à dire.*

HEURTEBISE. – *Je n'ai rien à dire.*

DEUXIÈME JUGE (il consulte ses papiers). – *Vous êtes accusé d'avoir pris part à une intrigue où cette femme s'est introduite sans aucun ordre supérieur. Avez-vous une excuse valable ?*

HEURTEBISE. – *J'étais son aide. Je l'ai suivie.*

PREMIER JUGE. – *Vous vous êtes cependant attardé dans l'autre monde pour des affaires humaines auxquelles vous n'avez aucun droit.* – La princesse regarde fixement Heurtebise.

HEURTEBISE. – *Peut-être...*

PREMIER JUGE. – *Il n'y a pas de peut-être ici.*

DEUXIÈME JUGE. – *Répondez.* – L'appareil cadre Orphée un peu en retrait, et regardant la princesse.

HEURTEBISE. – *Je n'ai pas cru désobéir.*

PREMIER JUGE. – *Approchez...* – Orphée continue à regarder vers l'appareil.

PREMIER JUGE. – *Vous... Vous !...*

ORPHÉE. – *Moi ?*

PREMIER JUGE. – *Oui, vous. Votre nom ?*

ORPHÉE. – *Orphée.*

PREMIER JUGE. – *Votre profession ?*

ORPHÉE. – *Poète.* – Le greffier, qui écrivait, lève la tête.

LE GREFFIER. – *La fiche porte : écrivain.*

ORPHÉE. – *C'est presque la même chose...*

DEUXIÈME JUGE. – *Il n'y a pas de presque ici. Qu'appelez-vous poète ?*

ORPHÉE. – *Écrire sans être écrivain.* – On voit les juges se pencher les uns vers les autres et se parler bas.

PREMIER JUGE (tourné vers la princesse). – *Vous reconnaissez cet homme ?*

LA PRINCESSE. – *Oui.*

PREMIER JUGE. – *Vous reconnaissez avoir emmené sa femme ?*

LA PRINCESSE. – *Oui.*

PREMIER JUGE. – *Pour vous débarrasser d'elle et tenter de n'avoir cet homme qu'à vous.*

ORPHÉE. – *Messieurs !*

LE GREFFIER. – *Silence !*

LA PRINCESSE (à Orphée). – *Du calme, monsieur, du calme. Gardez votre calme.*

PREMIER JUGE. – *Aimez-vous cet homme ?* – La princesse garde le silence et envoie de la fumée. Orphée sursaute. – *Aimez-vous cet homme ?*

LA PRINCESSE. – *Oui.*

PREMIER JUGE. – *Est-il exact que vous alliez le regarder dormir dans sa chambre ?* (Silence.)

LA PRINCESSE. – ... *Oui.* – L'appareil montre Orphée cloué sur place.

DEUXIÈME JUGE. – *Signez cette feuille.* – Le deuxième juge se penche vers la gauche. On voit la main du greffier qui lui passe une feuille. Il la pose sur la table devant la princesse qui se lève et s'approche d'Orphée, debout. L'appareil cadre Orphée et la princesse.

LA PRINCESSE (à Orphée). – *Avez-vous un stylographe ?* (Silence. Elle rit.) *J'oubliais que vous n'êtes pas écrivain.* – On lui passe une plume. Elle la prend et signe au bas de la feuille. Le premier juge se soulève sur sa chaise, tandis que l'appareil panoramique vers la porte sur le motocycliste.

PREMIER JUGE. – *Conduisez ces deux personnes dans la chambre.* – Le motocycliste emmène la princesse. Comme Orphée reste cloué sur place, il le pousse. Heurtebise va suivre. Le premier juge l'arrête. – *Pas vous. Restez.* – La princesse, Orphée et le second motocycliste dépassent la porte. Le premier motocycliste entre et se range auprès de la porte. Entre Eurydice, dans une sorte de demi-sommeil. Elle s'arrête sur le seuil. – *Approchez... approchez...* – Eurydice approche avec une démarche de somnambule. Elle s'arrête où était la princesse. – *Reconnaissez-vous cet homme ?*

EURYDICE (tournant la tête vers Heurtebise). – *Mais oui... c'est Heurtebise...*

PREMIER JUGE. – *A-t-il essayé de vous parler en l'absence de votre mari ? A-t-il prononcé des paroles coupables ?*

EURYDICE (elle ouvre grand les yeux). – *Coupables ?... Mais non... C'est Heurtebise.* – Les juges se consultent.

PREMIER JUGE. – *Heurtebise. Aimez-vous cette femme ?* – (Silence.) L'appareil panoramique pendant le silence, et s'arrête sur Eurydice, les yeux écarquillés vers Heurtebise.

PREMIER JUGE. – *Je répète. Heurtebise, aimez-vous cette femme ?*

HEURTEBISE. — *Oui.*

PREMIER JUGE. — *C'est tout ce que nous voulions savoir. Signez...* — Il tend une feuille à Heurtebise. Heurtebise signe.

Dans la chambre de la princesse. L'appareil cadre la princesse et Orphée enlacés devant le divan près de la radio. Il avance jusqu'à ne plus cadrer que leurs visages qui se séparent. Ils se regardent les yeux dans les yeux de tout près. Ils murmurent :

MUSIQUE

ORPHÉE (en extase). — *Et tu leur as répondu oui...*

LA PRINCESSE. — *On ne peut pas mentir chez nous.*

ORPHÉE. — *Mon amour...*

LA PRINCESSE. — *Je t'aimais, bien avant notre première rencontre.*

ORPHÉE. — *J'ai dû te paraître si stupide...*

LA PRINCESSE. — *Qu'est-ce que nous pouvons nous dire ? Je n'ai le droit d'aimer personne... et j'aime.* (Elle pose ses lèvres sur ses lèvres.) Ils se séparent et la princesse se laisse tomber sur le divan. Orphée à genoux.

Orphée. – *Tu es toute-puissante.*

La princesse. – *À vos yeux. Chez nous, il y a des figures innombrables de la mort, des jeunes, des vieilles qui reçoivent des ordres...*

Orphée. – *Et si tu désobéissais à ces ordres ? Ils ne peuvent pas te tuer... C'est toi qui tues...*

La princesse. – *Ce qu'ils peuvent est pire...*

Orphée. – *D'où viennent ces ordres ?*

La princesse. – *Tant de sentinelles se les transmettent que c'est le tam-tam de vos tribus d'Afrique, l'écho de vos montagnes, le vent des feuilles de vos forêts.*

Orphée. – *J'irai jusqu'à celui qui donne ces ordres.*

La princesse. – *Mon pauvre amour... Il n'habite nulle part. Les uns croient qu'il pense à nous, d'autres qu'il nous pense. D'autres qu'il dort et que nous sommes son rêve... son mauvais rêve.*

Orphée. – *Je t'arracherai d'ici puisqu'on nous laisse libres.*

La princesse. – *Libres ?* – Après un petit rire bizarre elle se laisse aller en arrière et sort du champ. Le visage d'Orphée traverse le champ vers elle. Fin de ce mouvement renversé du visage de la princesse, couchée à plat sur les coussins, et de celui d'Orphée qui se pose à son tour à l'envers.

ORPHÉE. – *Je ne veux plus te quitter.*

LA PRINCESSE. – *Je vais te quitter mais je te jure que je trouverai le moyen de nous réunir...*

ORPHÉE. – *Dis : pour toujours.*

LA PRINCESSE. – *Pour toujours.*

ORPHÉE. – *Jure-le...*

LA PRINCESSE. – *Je le jure.*

ORPHÉE. – *Mais maintenant... maintenant ?...* – La princesse se relève. On la voit de face.

LA PRINCESSE. – *Maintenant... il y a leur police.*

ORPHÉE. – *Il arrivera un miracle...*

LA PRINCESSE. – *Les miracles ne se produisent que chez vous...*

ORPHÉE. – *Tous les mondes sont émus par l'amour.*

LA PRINCESSE. — *Dans notre monde, on n'émeut personne. On va de tribunal en tribunal...*

FIN DE LA MUSIQUE

Bruit de porte. Ils se séparent et tournent la tête de ce côté. Un des motocyclistes se tient sur le seuil.

LE SECOND MOTOCYCLISTE. — *Venez.* — Orphée et la princesse se lèvent.

LA PRINCESSE. — *Va... Je t'aime, ne crains rien.*

ORPHÉE. — *Je ne veux plus te perdre...*

LA PRINCESSE. — *Si tu résistes, tu vas nous perdre...*

LE SECOND MOTOCYCLISTE. — *Suivez-moi.* — Ils se mettent en marche jusqu'à la porte, par où ils disparaissent. Le motocycliste derrière eux.

On entre dans la chambre du tribunal. On voit Heurtebise et Cégeste assis côte à côte contre le mur, face à la porte. Ils se lèvent. On continue d'avancer pour s'arrêter devant les juges, contre la table. Le premier juge se lève.

PREMIER JUGE. — *Je vais vous donner lecture du jugement après instruction : « Nous, tri-*

bunal d'enquête, décidons de mettre la mort d'Orphée et ses aides en liberté provisoire »... – Devant la table, de gauche à droite, et passés lentement en revue par l'appareil : Cégeste, Heurtebise, la princesse, Orphée.

PREMIER JUGE. – *« ... Orphée, libre, sous réserve de ne jamais dire ce qu'il a vu. Eurydice, libre de revivre dans l'autre monde, sous condition qu'Orphée ne la regarde jamais. Un seul regard sur elle et il la perdra pour toujours. »* – Pendant la lecture, l'appareil défile lentement sur les personnages. L'appareil s'arrête sur Orphée.

ORPHÉE. – *Mais...*

LE GREFFIER. – *Silence !* – Conduite par le premier motocycliste, Eurydice entre par la droite.

PREMIER JUGE. – *Voici votre femme.* – Orphée tourne la tête, arrêté par le cri de Heurtebise.

HEURTEBISE. – *Prenez garde !* – Orphée se cache avec sa main. – *Ne la regardez pas...* – Le juge range ses papiers. Il se penche vers Orphée.

PREMIER JUGE. – *Vous commencez bien !*

HEURTEBISE (s'appuyant sur la table et

s'avançant vers le juge). – *M'est-il permis d'accompagner Orphée jusqu'à sa maison ? Je crains que la consigne qu'on lui impose ne soit bien difficile à observer sans un contrôle de chez nous.* – Les juges se lèvent.

PREMIER JUGE. – *Vous pouvez accompagner le mari... et la femme.* (Ironiquement et faisant une légère inclinaison vers Heurtebise.) *Sous notre haute bienveillance... bien entendu.* – Heurtebise s'approche d'Orphée.

HEURTEBISE. – *Vous avez les gants ?*

ORPHÉE. – *Non. Ah si ! dans ma poche.*

HEURTEBISE. – *Mettez-les. Fermez les yeux. Je vous guide : ce sera plus simple au commencement.*

ORPHÉE. – *Mais elle... Je peux la regarder... elle ?*

HEURTEBISE (bas). – *Sous aucun prétexte. Ne vous retournez pas. N'ouvrez les yeux sous aucun prétexte. Venez.* – Il lui prend la main et le dirige du côté opposé à Eurydice. Eurydice, derrière Orphée, pose sa main sur ses épaules.

HEURTEBISE (à Eurydice). – *Prenez-le par les épaules. C'est plus sûr, venez.* – Orphée ne bouge pas. L'appareil montre Orphée et, derrière lui, Eurydice comme endormie. Heurtebise marche devant eux. On voit sa main prendre la main d'Orphée. Cette main tire Orphée qui, à son tour, entraîne Eurydice. La caméra balaie la table vide d'où les juges ont disparu, puis rencontre la princesse. Elle est debout, à droite de la table, la main sur l'épaule de Cégeste qui la regarde et reste les yeux fixés vers le miroir.

CÉGESTE. – *Où sont les juges ?* (Geste vague de la princesse.) *Les vaches !*

LA PRINCESSE. – *Cégeste... Si j'étais dans notre ancien monde, je vous dirais : buvons.*

LONG FONDU QUI OUVRE SUR :

La boîte aux lettres du jardin d'Orphée en gros plan. On voit la lettre, glissée dans la fente par le facteur, qui tombe dans la boîte derrière la vitre. L'appareil montre le facteur qui sonne encore, regarde par la clôture vers la maison et s'éloigne. Salle commune. Six heures sonnent. L'appareil cadre la trappe de la chambre d'Orphée. On voit descendre Orphée, suivi d'Eurydice et de Heurtebise.

ORPHÉE. – *Comment, six heures ? Nous sommes entrés dans le miroir à six heures...*

HEURTEBISE. – *Ne parlez pas de ce genre de choses, vous l'avez promis.*

EURYDICE (revenant à son état normal. Elle regarde vers la fenêtre.) – *C'est une lettre.*

ORPHÉE. – *J'y vais.*

HEURTEBISE. – *Criez du jardin « je rentre » et Eurydice se cachera.*

ORPHÉE (entre ses dents). – *C'est commode !...*

EURYDICE. – *Quel cauchemar !* – Le jardin. L'appareil cadre la boîte aux lettres et la porte. Il recule. Orphée ouvre la boîte, retire la lettre, en déchire l'enveloppe et la regarde.

Dans la salle commune de la maison d'Orphée. – L'appareil cadre le coin du divan près de la chambre d'Eurydice: Une glace est suspendue au-dessus du divan. Eurydice se dirige vers cette glace et se mire. Heurtebise est derrière elle.

HEURTEBISE. – *Méfiez-vous !*

EURYDICE. – *Qu'est-ce qui m'empêche de me regarder, moi ?*

HEURTEBISE. – *Si Orphée rentre, il peut vous apercevoir dans la glace...*

EURYDICE. – *Heureusement que vous êtes venu !...* (Elle s'écarte de la glace.)

HEURTEBISE. – *Eurydice, vous ne m'en voulez pas de ce que j'ai dit au tribunal ?*

EURYDICE. – *Qu'est-ce que vous avez dit ?…*

VOIX D'ORPHÉE (il appelle du jardin). – *Heurtebise !*

Silence.

HEURTEBISE. – *Excusez-moi.* (Il se dirige vers la porte.) *Quand Orphée rentrera, cachez-vous derrière la table.*

Le perron. Heurtebise descend les marches. Orphée a le pied sur la première marche en bas.

ORPHÉE (lui tendant la lettre). – *Lettre anonyme !… écrite à l'envers.* – Orphée monte les marches. Heurtebise se retourne et crie :

HEURTEBISE. – *Attention, Eurydice, attention !… Il rentre !*

Dans la salle commune. L'appareil cadre la rentrée rapide d'Orphée, sa lettre à la main, et panoramique avec lui vers la table. Il va vers la glace. Heurtebise se précipite :

HEURTEBISE. – *Attention, Orphée ! Eurydice, vous êtes sous la table ?…*

VOIX D'EURYDICE. – *J'y suis.* – On voit Heurtebise arriver au bord gauche de la table. Orphée, qui a passé derrière, arrive au miroir. Eurydice soulève le tapis, de face. Elle lève la tête.

EURYDICE. – *Où est-il ?*

ORPHÉE. – *Où es-tu ?*

HEURTEBISE. – *Là… là… derrière la table.*

ORPHÉE. – *Ouf ! Tout va bien.* (Il présente la lettre devant la glace.) Gros plan de la lettre dans la glace. On lit : « Vous êtes un voleur et un assassin. Rendez-vous sur votre tombe. »

HEURTEBISE. – *Méfiez-vous des miroirs.* – L'appareil montre Orphée dans le miroir et Heurtebise qui se cadre derrière lui.

ORPHÉE. – *Je ne vous le fais pas dire.*

HEURTEBISE. – *Je parlais du reflet de votre femme.*

VOIX D'EURYDICE. – *Heurtebise m'a défendu de me regarder dans les glaces.* – Pendant les paroles d'Eurydice, Orphée a mis un doigt sur la bouche et fait lire la lettre à Heurtebise. Heurtebise prend la lettre, la chiffonne et dit à Orphée tout bas, en la mettant dans sa poche :

HEURTEBISE. – *Faites disparaître cette lettre imbécile.* – Profil de la table. On voit Eurydice à quatre pattes, la moitié du tapis sur le dos et, de l'autre côté de la table, les deux personnages.

EURYDICE. – *Je peux sortir ?*

ORPHÉE ET HEURTEBISE (ensemble). – *Non !*

HEURTEBISE. – *Une minute...* (A Orphée :) *Tournez le dos...* (A Eurydice :) *Vous êtes libre.* (Eurydice se lève.)

ORPHÉE (de dos). – *On se représente mal la difficulté, la tension d'esprit qu'exige une bêtise pareille.* – Eurydice est debout près de Heurtebise, au bord de la table.

EURYDICE. – *Ce sera une affaire d'habitude...*

ORPHÉE. – *Drôle d'habitude !...*

EURYDICE. – *Cela vaut mieux que d'être aveugle ou que de perdre une jambe...* – L'appareil prend Orphée, de face, et les deux autres personnages en second plan, derrière lui.

ORPHÉE. – *Et puis... nous n'avons pas le choix.*

EURYDICE (à Heurtebise). – *Il y a même*

des avantages. Orphée ne verra pas venir mes rides...

ORPHÉE. – *Parfait ! parfait ! Il me semble que tu prends les choses à merveille.*

HEURTEBISE. – *Je ne vois pas ce que votre femme pourrait faire d'autre.*

ORPHÉE. – *Ce qu'elle pourrait faire d'autre !...* (Il va se retourner, dos à l'objectif.)

HEURTEBISE (criant). – *Attention !* (Eurydice plonge.) – Orphée se remet face à l'appareil, la figure butée, furieuse.

HEURTEBISE. – *Vous êtes dangereux, mon cher !* – L'appareil est derrière Eurydice et Heurtebise, Orphée de dos, au second plan.

ORPHÉE. – *Je ne compte pas vivre le nez contre un mur, je vous en préviens.*

EURYDICE. – *Je vais vous servir à boire. Ferme les yeux. Heurtebise t'installera pendant que j'ouvre le frigidaire.* – Elle se dirige vers le frigidaire. Heurtebise contourne la table et va prendre Orphée par la main. Il le ramène, les yeux fermés, et le fait asseoir, tournant le dos à Eurydice.

ORPHÉE. – *Je vais vous dire, moi, ce que ma femme pourrait faire d'autre ! Se rendre exactement compte de la difficulté affreuse dans laquelle je me trouve.*

HEURTEBISE. – *Orphée ! Et elle ?... Vous croyez qu'elle ne souffre pas ?*

ORPHÉE. – *Vous vous trompez, mon cher. Les femmes adorent les complications.* – Il ne faut pas oublier que cette scène est une scène comique. L'appareil prend Orphée et Heurtebise de face. Orphée assis et Heurtebise debout près de lui, à droite. On voit Eurydice venir du fond avec, sur un plateau, de la glace, des verres, une bouteille.

EURYDICE (en marche). – *Ferme les yeux.*

ORPHÉE. – *Si je me les bandais avec mon mouchoir ?*

EURYDICE (derrière lui). – *Non, Orphée, tu tricherais. Il est préférable de prendre tout de suite nos habitudes.* – Orphée ferme les yeux en tapant légèrement sur le bras de Heurtebise comme pour lui dire « incroyable ! ». Eurydice passe à gauche et pose le plateau. – *Ce n'est pas commode, je l'avoue, mais nous y arriverons.*

ORPHÉE. – *Apporte une chaise et assieds-toi. Je te tournerai le dos.* (Il le fait et prend un magazine sur la table. Il l'ouvre.)

Gros plan du magazine qu'il ouvre. On

voit un article intitulé : *La maison du poète,* deux grands portraits : Orphée et Eurydice. Il le referme à toute vitesse et lève la tête en criant :

ORPHÉE. – *Oh !*

HEURTEBISE. – *Le portrait de votre femme n'est pas votre femme.* – Orphée se met la figure dans les mains. Eurydice s'assied derrière lui.

EURYDICE. – *Je suis très lasse...*

ORPHÉE. – *Il faut prendre des dispositions dès maintenant, et c'est à moi de les prendre. Notre vie ne peut pas se passer à jouer à cache-cache.*

EURYDICE. – *Veux-tu que j'aille habiter ailleurs ?*

ORPHÉE. – *Toujours les excès !*

HEURTEBISE. – *Allons... allons... Orphée...*

ORPHÉE. – *Impossible de faire chambre commune. Je coucherai ici, sur le divan.*

EURYDICE. – *C'est toi qui mets les choses au pire...*

ORPHÉE. – *Laisse-moi parler !* (Il esquisse un mouvement vers elle.)

HEURTEBISE. – *Prenez garde !* (Il tourne avec ses mains la tête d'Orphée dans le sens voulu.)

ORPHÉE. – *C'est sa faute. Elle ferait se retourner un mort.*

EURYDICE. – *J'aurais dû rester une morte.*

ORPHÉE. – *Qu'elle se taise ! Je suis dans un état de nervosité incroyable. Je suis capable de n'importe quoi !*

HEURTEBISE. – *Orphée, vous faites pleurer votre femme...*

ORPHÉE. – *Puisque je dérange tout le monde, je pars !* – Orphée se lève et se dirige vers l'escalier de la chambre.

HEURTEBISE. – *Orphée ! Orphée ! Où allez-vous ?* – Orphée monte, ouvre la trappe et dit, les yeux invisibles : – *Dans ma chambre.* (Il disparaît; la trappe se ferme.) – Eurydice s'effondre sur la table, le visage dans ses bras.

HEURTEBISE. – *Détendez-vous...* (Il pose la main sur son bras.)

MUSIQUE DE GLUCK

EURYDICE (soulève son visage). – *Il me hait...*

HEURTEBISE. – *S'il vous haïssait, il n'aurait*

pas été vous arracher à la mort. On le citera en exemple...

EURYDICE. – *Ce n'est pas pour moi qu'il est venu...*

HEURTEBISE. – *Eurydice !...*

EURYDICE. – *Vous le savez, Heurtebise... Vous savez où il va. Dans sa voiture.*

FONDU

La chambre (nuit). La trappe. Eurydice, en longue chemise, la soulève et s'engage sur les marches. La salle commune, de nuit. L'appareil cadre le divan. Orphée dort d'un sommeil houleux. Près de lui, la lampe est restée allumée.

MUSIQUE

VOIX DE L'AUTEUR. – *Eurydice ne retrouvait pas Orphée. Elle ne pouvait supporter ce retour. Elle voulait le délivrer d'elle, et il n'y avait qu'un seul moyen.* – Eurydice s'approche du divan. Elle se penche sur Orphée. Elle avance le bras mais n'ose pas le toucher. Enfin elle se décide et le secoue avec douceur.

EURYDICE (très bas). – *Orphée ! Orphée !...*

Orphée se retourne côté mur. Elle le secoue plus fort.

EURYDICE. – *Orphée !...*

ORPHÉE (en rêve). – *Aimez-vous cet homme ? Je vous demande si vous aimez cet homme...*

EURYDICE (le secouant). – *Orphée...*

ORPHÉE. – *Qu'est-ce que c'est ? C'est toi ?* (Il ouvre les yeux et va se retourner.) – À ce moment les lumières s'éteignent. Nuit complète. On entend leurs voix dans le noir.

EURYDICE. – *C'est moi... Eurydice... Je sais que tu t'endors souvent sans éteindre ta lampe, mais comme cette panne dure depuis une heure, j'en ai profité pour descendre chercher un livre.*

ORPHÉE. – *Un livre ? Pour lire dans le noir ?*

EURYDICE. – *Enfin, comprends-moi...* – La lumière se rallume. Eurydice toujours penchée sur le lit, et Orphée la tête tournée vers le mur.

ORPHÉE. – *Oh ! Regarde à quoi tu nous exposes avec tes imprudences. Remonte et ferme la trappe. Tu m'as fait une peur atroce.*

EURYDICE. – *Tu me pardonnes ?...*

ORPHÉE. – *Mais oui, remonte et dors...* (Eurydice remonte.)

Voix de l'auteur. – *Une courte interruption de courant lui avait fait manquer son but. Il fallait continuer à vivre... et le lendemain matin...*

FONDU

Le garage, de jour. Par la portière ouverte de la voiture, on voit Orphée qui essaie d'écouter un message de la radio. La radio ne donne pas le télégraphe des ondes courtes. Heurtebise entre dans le garage et s'avance vers la portière.

Orphée. – *Comprenez-vous les signaux ?*

Heurtebise (il écoute). – *Cours de la bourse.*

Orphée (il change de poste. Autre bruit de télégraphe...). – *Et ceux-là...*

Heurtebise. – *Méfiez-vous, votre femme approche.*

Orphée. – *Encore !*

Heurtebise. – *Ne la poussez pas à bout.*

Eurydice (derrière la porte). – *Je peux entrer ?*

Heurtebise (à Orphée). – *Fermez les yeux une minute.* (Il crie :) – *Oui. Entrez !* –

On voit Eurydice qui entre par la porte du jardin et s'approche de la voiture.

HEURTEBISE. – *Votre mari écoutait les cours de la Bourse. Montez derrière.* – Heurtebise ouvre la portière arrière. Eurydice monte. On entend la radio. Heurtebise monte auprès d'Eurydice. Elle est assise juste derrière Orphée.

EURYDICE. – *Je te dérange ?*

ORPHÉE. – *Je prenais mes postes ici pour ne pas te déranger à la maison.*

EURYDICE. – *C'est un bruit qui fait peur.* – Elle approche son visage du visage d'Orphée jusqu'à frôler sa joue.

HEURTEBISE. – *Ne commettez pas d'imprudences.*

EURYDICE. – *Quelles imprudences ? Orphée ne me voit pas et je touche sa joue. C'est merveilleux.* – Brusquement la radio, qu'Orphée tripote, parle :

LA RADIO. – *... font vingt-deux. Trois fois. Deux et deux font vingt-deux. Trois fois...* – Orphée regarde en l'air. Son regard rencontre le rétroviseur. Il voit Eurydice. Elle disparaît.

HEURTEBISE (cri). – *Le rétroviseur !*

ORPHÉE (cri). – *Eurydice !* – Orphée et Heurtebise descendent de la voiture. Les tambours commencent.

HEURTEBISE. – *C'était fatal.*

ORPHÉE. – *Il le fallait ! Il le fallait, Heurtebise ! J'en ai assez des demi-mesures et des arrangements ! On ne s'arrange pas, Heurtebise. Il faut le drame ! Il faut aller jusqu'au bout !* – On entend les tambours, des cris scandant : Cé-geste ! Cé-geste ! Cé-geste ! Orphée s'élance vers la porte.

HEURTEBISE. – *Orphée ! Orphée !* (Il essaie de le calmer.) – L'appareil cadre la porte ouverte et Orphée qui s'élance dans le jardin. On entend secouer et frapper le porche, sur la route. Des pierres tombent autour d'Orphée et brisent des vitres.

ORPHÉE (criant vers Heurtebise). – *Des pierres ! Des pierres ! On fera mon buste avec.* – L'appareil cadre l'angle gauche du garage et du porche. Heurtebise s'y élance.

HEURTEBISE. – *Ne restez pas dehors !* (Les pierres le frôlent.) Orphée se colle au mur du porche près de Heurtebise.

ORPHÉE. – *Les voilà ! Je les attendais, les salopards. La lettre, Heurtebise ! La lettre anonyme !* – On entend des cris :

CRIS. – *Cé-geste ! Cé-geste ! Cé-geste !* – La

route : on voit une foule de jeunes gens criant et lançant des pierres. Le jardin.

HEURTEBISE. – *Je vais leur parler...*

ORPHÉE. – *Que pense le marbre dans lequel on sculpte un chef-d'œuvre ? Il pense : on me frappe ! On m'abîme ! On m'insulte ! Je suis perdu ! La vie me sculpte, Heurtebise, laissez-la finir son travail.* – Heurtebise court vers le garage.

Le garage. – Puis la voiture. Heurtebise y prend un revolver qu'il arme.
Le jardin. – Heurtebise rejoint Orphée et lui passe le revolver.

ORPHÉE. – *Les lâches !*

HEURTEBISE. – *Menacez-les avec une arme. Vous êtes chez vous !*

La route. – Arrivée des Bacchantes debout dans une grosse voiture. Elles excitent les groupes aux cris de : Escaladez ! Escaladez !
Le porche. – La jeunesse escalade le mur et ouvre le porche. Un premier groupe s'avance. Les tambours se taisent. Orphée lui fait face, son arme à la main.

PREMIER ÉCRIVAIN. – *Donnez-moi ce revolver. Je vous ordonne de me donner ce revolver.*

ORPHÉE. – *Et moi je vous ordonne de quitter la place. Je vous interdis d'entrer chez moi.*

PREMIER ÉCRIVAIN. – *J'entrerai chez vous si ça me plaît.*

ORPHÉE. – *Vous voulez me tuer ?*

PREMIER ÉCRIVAIN. – *Nous voulons savoir où est Jacques Cégeste. Est-ce qu'il est chez vous ?*

ORPHÉE. – *N'avancez pas ou je tire... Je vais tirer...* – Un Chinois lui tord le bras en l'air. Le coup part. Le revolver tombe. Un jeune homme le ramasse. Orphée se dégage et frappe le jeune homme au menton. Il bascule. Le coup part. Orphée porte les mains à son ventre. Fuite. Orphée s'effondre. Les tambours reprennent.

La route. – Sifflets. Tambours. Cris. Moteurs.

CRIS. – *La police ! La police ! Barrez-vous !* – L'appareil cadre la voiture des Bacchantes.

AGLAONICE (debout). – *Mettez en marche ! Mettez en marche ! Filez !* – Des garçons s'accrochent aux voitures et y grimpent. Elles démarrent. À leur place stoppe une voiture de police. Tonnerre des motocyclistes.

Le jardin. – On voit les motocyclistes qui tournent et pénètrent par le porche en échouant leurs machines. Les policiers courent après eux.

La route. – Le car de police où les policiers enfournent des jeunes gens et des jeunes filles qui se débattent.

Le jardin. – Le premier motocycliste et Heurtebise traînent le cadavre d'Orphée par les mains jusque dans le garage. Le deuxième motocycliste reste devant le porche et tient à distance les policiers qui n'osent approcher. Il porte une mitraillette.

LES POLICIERS. – *Dégagez la porte !*

LE DEUXIÈME MOTOCYCLISTE. – *Ce n'est qu'un blessé qu'on soigne. Tenez-vous tranquilles, on ne vous fera pas de mal.*

La route. – L'appareil montre quelques policiers qui luttent avec des jeunes gens et les matraquent. L'appareil pivote et montre en enfilade le porche et la route de l'écurie-garage. Bruit de moteur. Le porche s'ouvre et la Rolls sort à reculons, conduite par Heurtebise. Il manœuvre à toute vitesse, recule sur la route et prend sa course vers la droite. Les deux motocyclistes suivent en trombe.

Des policiers courent sur la route et tirent vers les motocyclistes. Toute cette scène est accompagnée du bruit de moteurs qui ronflent; de sifflets, de tambours.

Enchaîné sur : une route déserte. Viaduc, la Rolls arrive et s'arrête au milieu. Les motocyclistes l'encadrent. Heurtebise au volant. Un des motocyclistes s'approche.

LE MOTOCYCLISTE. – *Salut. C'est fait ?*

HEURTEBISE. – *C'est fait.* – Heurtebise se retourne. On voit le visage d'Orphée à la renverse, les yeux fixes, dans une pose qui ne laisse aucun doute. L'image est arrachée par le départ de la voiture. Ensemble de la route. La voiture disparaît avec les motocyclistes en fondu.

FONDU

Le fondu s'ouvre : l'escalier du chalet, de nuit. Les tambours. L'appareil cadre la montée d'Orphée et de Heurtebise. Orphée le premier, comme endormi. Il monte, mû par Heurtebise, les mains levées vers ses épaules. Ils passent devant l'appareil. Leurs pieds disparaissent en descendant les marches de la chambre au miroir.

FONDU

Le fondu s'ouvre sur la zone. C'est l'éclairage du premier voyage d'Orphée et de Heurtebise. L'appareil avance sur une ruine d'escalier. La princesse et Cégeste attendent, presque dans la pose de la dernière image du tribunal d'enquête. La

princesse regarde vers la gauche, longuement. Elle est habillée en noir. Les cheveux libres. Le bruit des tambours baisse
et s'arrête avec l'appareil.

LA PRINCESSE. – *Cégeste...*

CÉGESTE. – *Madame ?...*

LA PRINCESSE. – *C'est la première fois que
j'ai presque la notion du temps. Ce doit
être affreux, pour les hommes, d'attendre...*

CÉGESTE. – *Je ne me le rappelle plus.*

LA PRINCESSE. – *Vous vous ennuyez ?...*

CÉGESTE. – *Qu'est-ce que c'est ?...* – Silence.

LA PRINCESSE. – *Excusez-moi, je me parlais
à moi-même.*

La zone. Arcades. Les tambours reprennent. Le mur, que longeront les personnages, est pris d'en haut, à mi-chemin du
sol, à plat et d'assez loin sur travelling
chariot, permettant de cadrer au sol les
perspectives photographiques. On voit
entrer, par la droite, Heurtebise et
Orphée. Ils se traînent péniblement – c'est-
à-dire couchés à terre et s'aidant des
mains, dans les poses bizarres qui se produisent lorsqu'une prise de vue est ainsi
faite. Ils dépassent une vieille femme,
tassée dans une niche ouverte.

Voix de l'auteur. – *Ce n'est plus le même voyage... Heurtebise conduit Orphée où il ne devait pas le conduire... Nous sommes loin de sa belle démarche immobile. Orphée et son guide se traînent, tour à tour empêchés et emportés par un grand souffle inexplicable.* – Les acteurs se laissent glisser sur une pente à pic, de sorte que le décor redressé les montre qui s'envolent. – Base d'un mur. Orphée y tombe et se traîne hors cadre. Heurtebise le rejoint.

FIN DES TAMBOURS. MUSIQUE

L'escalier en ruine. L'appareil montre la princesse et Cégeste.

Cégeste. – *Ils arrivent...* – La princesse s'élance vers la droite, en laissant Cégeste à sa place, immobile. L'appareil cadre des arcades analogues à celles du mur couché. La princesse et Orphée s'y rencontrent.

MUSIQUE

L'appareil cadre leurs visages qui se joignent; ils murmurent :

La princesse. – *Orphée !*

Orphée. – *J'ai trouvé le moyen de te rejoindre.*

114

LA PRINCESSE. – *J'ai tant crié tout bas que tu es venu...*

ORPHÉE. – *Je t'entendais... je t'attendais...*

LA PRINCESSE. – *Je ne te voulais pas chez les hommes...*

ORPHÉE. – *Où nous cacherons-nous ?*

LA PRINCESSE. – *Nous n'avons plus à nous cacher. Nous serons libres.*

ORPHÉE. – *Toujours...*

LA PRINCESSE. – *Toujours. Serre-moi fort, Orphée. Serre-moi fort...*

ORPHÉE. – *Tu me brûles comme de la glace.*

LA PRINCESSE. – *Tu as encore la chaleur humaine. C'est bon.*

ORPHÉE. – *Je t'aime.*

LA PRINCESSE. – *Je t'aime. Tu m'obéiras ?*

ORPHÉE. – *Je t'obéirai.*

LA PRINCESSE. – *Quoi que je te demande ?*

ORPHÉE. – *Quoi que tu me demandes.*

LA PRINCESSE. – *Même si je te condamnais, si je te torturais ?*

ORPHÉE. – *Je t'appartiens et je ne te quitterai plus.*

LA PRINCESSE. – *Plus jamais.* – La princesse s'écarte du visage d'Orphée et s'adresse à Heurtebise.

LA PRINCESSE. – *Heurtebise, vous savez ce que j'attends de vous ?*

HEURTEBISE. – *Mais... madame...*

LA PRINCESSE. – *C'est notre dernier pouvoir. Et il n'y a plus une seconde à perdre.*

HEURTEBISE. – *Réfléchissez encore...*

LA PRINCESSE. – *Il ne faut pas réfléchir, Heurtebise !*

HEURTEBISE. – *Rien n'est plus grave, dans aucun monde.*

LA PRINCESSE. – *Seriez-vous lâche ?* – Elle se retourne vers Orphée.

VOIX DE L'AUTEUR. – *La mort d'un poète doit se sacrifier pour le rendre immortel.*

LA PRINCESSE. – *Orphée... Je te demande, une fois pour toutes, de ne pas essayer de comprendre ce que je vais faire. Car, en vérité, il serait même difficile de le comprendre dans notre monde.* – Heurtebise pousse Orphée contre un pan de mur.

HEURTEBISE. – *Mettez-vous là.* – Il le place comme ceux qu'on fusille.

LA PRINCESSE. – *Vite... vite...* (Elle appelle :) *Cégeste ? au travail !* – Heurtebise, brusquement, se glisse derrière Orphée; lui ferme les yeux et la bouche avec les mains. Cégeste arrive en courant par la gauche et empoigne les jambes d'Orphée à pleins bras. Ils l'immobilisent. Orphée tente de se débattre.

LA PRINCESSE (criant). – *Orphée, ne bouge pas ! Reste tranquille ! Tu me l'as promis.* – Orphée cède. La princesse s'approche du groupe et se place contre le mur, à côté d'eux à gauche. – *Travaillez ! Travaillez ! Heurtebise, je vous aide ! Je travaille avec vous. Ne faiblissez pas. Comptez, calculez, acharnez-vous comme je m'acharne. Allez, murez-le. Il le faut ! Sans la volonté, nous sommes des infirmes. Allez... Allez... Allez !...*

HEURTEBISE (d'une voix lointaine). – *Je ne peux pas...*

LA PRINCESSE. – *Il faut pouvoir, Heurtebise, il le faut.* (Elle frappe du pied.)

HEURTEBISE. – *Je ne peux pas...* – Heurtebise lâche la bouche et les yeux d'Orphée qui laisse sa tête pendre en arrière, comme endormie.

LA PRINCESSE. – *Vous travaillez mal ! Ne me parlez plus ! Enfoncez-vous en vous-mêmes et quittez-vous ! Courez ! Courez ! Volez ! Renversez les obstacles !* – On voit Orphée, endormi debout, la tête en arrière sur l'épaule de Heurtebise. Cégeste contre les jambes d'Orphée où il demeure, recroquevillé, immobile. La princesse qui vient en face d'eux.

LA PRINCESSE. – *Vous approchez ! Vous arrivez ! Je le vois !*

HEURTEBISE (de la même voix lointaine). – *J'arrive...* – L'appareil montre les profils de la princesse, de Heurtebise et la tête d'Orphée chavirée en arrière sur l'épaule de Heurtebise.

LA PRINCESSE. – *Un dernier effort, Heurtebise. Faites-le ! Faites-le ! Y êtes-vous ? Répondez-moi. Y êtes-vous ?* – L'appareil cadre les deux profils, l'un droit, l'autre à la renverse, de Heurtebise et d'Orphée. Le visage de la princesse vient se coller contre le mur près de celui d'Orphée. – *Y êtes-vous ?*

HEURTEBISE (voix lointaine). – *J'y suis.*

LA PRINCESSE. – *Alors, en route ! Remontez le temps. Il faut que ce qui a été ne soit plus.* – L'écran s'obscurcit. On revoit les décors de la zone du premier voyage, mais

118

le film tourne à l'envers. Orphée recule. Heurtebise le dirige d'une main. Ils croisent le vitrier. Soudain, Heurtebise porte la main à son front et s'arrête. Orphée s'arrête.

La zone, sur le groupe princesse, Heurtebise, Orphée, Cégeste.

HEURTEBISE (même voix). – *Je suis très fatigué...*

LA PRINCESSE. – *Je m'en moque. Travaillez ! Travaillez ! Je vous l'ordonne.* – Le film à l'envers reprend. Heurtebise se redresse et marche. Orphée recule. Ils disparaissent au bout de la rue en ruine. La chambre. On les voit traverser le miroir et entrer dans la chambre. La zone.

LA PRINCESSE. – *Où êtes-vous ?*

HEURTEBISE. – *Dans la chambre...*

LA PRINCESSE. – *Alors, les gants ! Vite, les gants !* – La chambre d'Orphée. Six heures sonnent. Orphée ôte les gants et les jette à Heurtebise qui les empoche. Orphée quitte le champ à droite. On reste sur Heurtebise.

VOIX D'EURYDICE. – *Tu me regardais dormir ?*

VOIX D'ORPHÉE. – *Oui, mon amour.* – Sur

Eurydice et Orphée enlacés, Orphée à genoux près d'elle.

EURYDICE. – *Je faisais des cauchemars épouvantables…*

ORPHÉE. – *Tu ne te sens pas mal ?*

EURYDICE. – *Non. J'ai un peu mal à la tête…*

ORPHÉE (l'embrasse). – *Je te guéris.* – Pendant qu'ils parlent, l'appareil montre Heurtebise, debout au milieu de la chambre.

VOIX D'EURYDICE. – *Tu travaillais ?*

ORPHÉE. – *Je travaillais…*

VOIX D'EURYDICE. – *Tu travailles trop. Repose-toi.*

VOIX D'ORPHÉE. – *Mes livres ne peuvent pas s'écrire tout seuls.*

VOIX D'EURYDICE. – *Tes livres s'écrivent tout seuls…*

Sur le couple.

ORPHÉE. – *Je les aide. Comment se comporte le garçon ?*

EURYDICE. – *Orphée, c'est peut-être une fille…*

ORPHÉE. – *C'est un fils.*

EURYDICE. – *Il me donne des coups de pied. Il me boxe.*

ORPHÉE. – *Il sera aussi insupportable que son père.*

EURYDICE. – *Insupportable, toi ?* – Ils s'embrassent en riant.

ORPHÉE. – *Beaucoup de personnes me trouvent insupportable.*

EURYDICE. – *Plains-toi, on t'adore !*

ORPHÉE. – *Et on me déteste.* – Sur Heurtebise qui les regarde longuement et disparaît en fondu près du miroir. Sur le couple.

EURYDICE. – *C'est une des formes de l'amour.*

ORPHÉE. – *Il n'y a qu'un amour qui compte, c'est le nôtre...*

La zone. L'appareil cadre Cégeste qui se relève comme s'il se réveillait. Orphée a disparu. Heurtebise porte les mains à sa tête.

LA PRINCESSE. – *C'est fait ?*

HEURTEBISE. – *C'est fait.* – Cégeste regarde vers la gauche. On voit sortir des décombres les deux motocyclistes.

CÉGESTE. – *Madame ! Madame ! vos propres aides ! Ils viennent vous arrêter ?...*

LA PRINCESSE. – *Oui, Cégeste...*

CÉGESTE. – *Fuyez !*

LA PRINCESSE (avec une immense lassitude). – *Où ?*

CÉGESTE. – *Madame, quand on est arrêté ici, qu'est-ce qui se passe ?*

HEURTEBISE. – *Ce n'est pas drôle...*

CÉGESTE. – *Ce n'est drôle nulle part.*

HEURTEBISE. – *Ici, moins qu'ailleurs...*

LA PRINCESSE (s'éloigne, elle se retourne vers Heurtebise). – *Heurtebise !...*

HEURTEBISE. – *Madame ?...* (Il vient près d'elle.)

LA PRINCESSE. – *Merci.*

HEURTEBISE. – *De rien. Il fallait les remettre dans leur eau sale.* (Les mains gantées des motocyclistes se posent sur leurs épaules.)

LA PRINCESSE. – *Adieu, Cégeste...* – Les tambours se superposent à la musique. Le groupe se met en marche. Gros plan de

Cégeste qui avance et le regarde s'éloigner avec angoisse. Vaste décor de la zone détruite. On voit la princesse et Heurtebise qui rapetissent, encadrés par les motocyclistes. Leurs ombres défilent sur le fond. Ils disparaissent pendant qu'apparaît le mot :

FIN

Littérature

extrait
du catalogue

Cette collection est d'abord marquée par sa diversité : classiques, grands romans contemporains ou même des livres d'auteurs réputés plus difficiles, comme Borges, Soupault, Goes. En fait, c'est tout le roman qui est proposé ici, Henri Troyat, Bernard Clavel, Guy des Cars, Alain Robbe-Grillet, mais aussi des écrivains tels que Moravia, Colleen McCullough ou Konsalik.

Les classiques tels que Stendhal, Maupassant, Flaubert, Zola, Balzac, etc. sont publiés en texte intégral au prix le plus bas de toute l'édition. Chaque volume est complété par un cahier photos illustrant la biographie de l'auteur.

ADAMS Richard	**Les garennes de Watership Down** 2078 ★★★★★★
ADLER Philippe	**C'est peut-être ça l'amour** 2284 ★★★
AMADOU Jean	**Heureux les convaincus** 2110 ★★★
ANDREWS Virginia C.	*Fleurs captives :*
	- Fleurs captives 1165 ★★★★
	- Pétales au vent 1237 ★★★★
	- Bouquet d'épines 1350 ★★★★
	- Les racines du passé 1818 ★★★★
	Ma douce Audrina 1578 ★★★★
APOLLINAIRE Guillaume	**Les onze mille verges** 704 ★
	Les exploits d'un jeune don Juan 875 ★
AUEL Jean-M.	**Les chasseurs de mammouths**
	2213 ★★★★★ & 2214 ★★★★★
AVRIL Nicole	**Monsieur de Lyon** 1049 ★★★
	La disgrâce 1344 ★★★
	Jeanne 1879 ★★★
	L'été de la Saint-Valentin 2038 ★★
	La première alliance 2168 ★★★
BACH Richard	**Jonathan Livingston le goéland** 1562 ★ illustré
	Illusions 2111 ★★
	Un pont sur l'infini 2270 ★★★★
BALTASSAT Jean-Daniel	**La falaise** 2345 ★★ (avril 88)
BALZAC Honoré de	**Le père Goriot** 1988 ★★
BARBER Noël	**Tanamera** 1804 ★★★★ & 1805 ★★★★
BATS Joël	**Gardien de ma vie** 2238 ★★★ illustré
BAUDELAIRE Charles	**Les Fleurs du mal** 1939 ★★
BEAULIEU PRESLEY Priscillia	**Elvis et moi** 2157 ★★★★ illustré

BENZONI Juliette	*Marianne* 601 ★★★★ & 602 ★★★★	
	Un aussi long chemin 1872 ★★★★	
	Le Gerfaut :	
	- Le Gerfaut 2206 ★★★★★★	
	- Un collier pour le diable 2207 ★★★★★★	
	- Le trésor 2208 ★★★★★	
	- Haute-Savane 2209 ★★★★★	
BLOND Georges	*Moi, Laffite, dernier roi des flibustiers* 2096 ★★★★	
BOLT Robert	*Mission* 2092 ★★★	
BOMSEL M.-C. & **QUERCY** A.	*Pas si bêtes* 2331 ★★★ illustré	
BORGES & **BIOY CASARES**	*Nouveaux contes de Bustos Domecq* 1908 ★★★	
BOVE Emmanuel	*Mes amis* 1973 ★★★	
BOYD William	*La croix et la bannière* 2139 ★★★★	
BRADFORD Sarah	*Grace* 2002 ★★★★	
BREILLAT Catherine	*Police* 2021 ★★★	
BRISKIN Jacqueline	*La croisée des destins* 2146 ★★★★★★	
BROCHIER Jean-Jacques	*Odette Genonceau* 1111 ★	
	Villa Marguerite 1556 ★★	
	Un cauchemar 2046 ★★	
BURON Nicole de	*Vas-y maman* 1031 ★★	
	Dix-jours-de-rêve 1481 ★★★	
	Qui c'est, ce garçon ? 2043 ★★★	
CALDWELL Erskine	*Le bâtard* 1757 ★★	
CARS Guy des	*La brute* 47 ★★★	
	Le château de la juive 97 ★★★★	
	La tricheuse 125 ★★★	
	L'impure 173 ★★★★	
	La corruptrice 229 ★★★	
	La demoiselle d'Opéra 246 ★★★	
	Les filles de joie 265 ★★★	
	La dame du cirque 295 ★★	
	Cette étrange tendresse 303 ★★★	
	La cathédrale de haine 322 ★★★	
	L'officier sans nom 331 ★★	
	Les sept femmes 347 ★★★★	
	La maudite 361 ★★★	
	L'habitude d'amour 376 ★★	
	La révoltée 492 ★★★★	
	Amour de ma vie 516 ★★★	
	Le faussaire 548 ★★★★	
	La vipère 615 ★★★★	
	L'entremetteuse 639 ★★★★	
	Une certaine dame 696 ★★★★	

2172

Composition Communication à Champforgeuil
Impression Brodard et Taupin
à La Flèche (Sarthe) le 4 mars 1988
1895-5 Dépôt légal mars 1988
ISBN 2-277-22172-4
1er dépôt légal dans la collection : avril 1987
Imprimé en France
Editions J'ai lu
27, rue Cassette, 75006 Paris
diffusion France et étranger : Flammarion